Paul Kluge

Fröhlich leben - ruhig sterben

Paul Kluge

Fröhlich leben - ruhig sterben

Ein- und Ausführungen zum Heidelberger Katechismus

Fromm Verlag

Impressum/Imprint (nur für Deutschland/ only for Germany)
Bibliografische Information der Deutschen Nationalbibliothek: Die Deutsche Nationalbibliothek verzeichnet diese Publikation in der Deutschen Nationalbibliografie; detaillierte bibliografische Daten sind im Internet über http://dnb.d-nb.de abrufbar.

Coverbild: www.ingimage.com

Contact:
International Book Market Service Ltd., 17 Rue Meldrum, Beau Bassin, 1713-01 Mauritius
Website: www.bookmarketservice.com
Email: info@bookmarketservice.com

Gedruckt in: USA, UK, Deutschland. Dieses Buch wurde nicht in Mauritius produziert.

Imprint (only for USA, GB)
Bibliographic information published by the Deutsche Nationalbibliothek: The Deutsche Nationalbibliothek lists this publication in the Deutsche Nationalbibliografie; detailed bibliographic data are available in the Internet at http://dnb.d-nb.de.

Cover image: www.ingimage.com

Contact:
International Book Market Service Ltd., 17 Rue Meldrum, Beau Bassin, 1713-01 Mauritius
Website: www.bookmarketservice.com
Email: info@bookmarketservice.com

Printed in: U.S.A., U.K., Germany. This book was not produced in Mauritius.

ISBN: 978-3-8416-0195-7

Inhalt

Vorwort

Die Reformierte Weltgemeinschaft begeht im Jahre 2013 das 450jährige Bestehen des Heidelberger Katechismus. Dieses nach seinem Entstehungsort benannte kleine Buch war und ist von großer Wirkung vor allem, aber nicht nur in den nach Gottes Wort reformierten Kirchen weltweit.

Generationen von Konfirmandinnen und Konfirmanden haben die Fragen und Antworten „des Heidelberger" auswendig gelernt, zumindest eine Auswahl, und nicht immer mit Begeisterung. Noch seltener mit dem nötigen Durchblick. Doch es ergeben sich im Leben bisweilen Situationen, in denen ein auswendig gelernter Satz Bedeutung gewinnt, weil er in der Situation hilfreich ist. Oder weil man aus der Situation heraus etwas erkennt oder versteht.

Der Heidelberger Katechismus will und kann helfen, fröhlich zu leben und ruhig zu sterben. Denn er macht nicht, er nimmt Angst. Das hebt ihn aus vielen anderen Katechismen heraus, das macht ihn auch als 450-jährigen aktuell.

I Der Heidelberger Katechismus – eine Einführung

Lesungen aus dem Heidelberger Katechismus (HK) als Bestandteil reformierter Gottesdienste sind weit verbreitet. Diese Lesungen erinnern daran, dass in früheren Zeiten zwei Sonntagsgottesdienste üblich waren: Einer zu einem Bibeltext und einer zu einem Abschnitt des Heidelberger, der dafür, dem Kalenderjahr folgend, in 52 Sonntage eingeteilt ist. Eine andere Einteilung orientiert sich an den Sonntags-Themen. In manchen reformierten Kirchen sind Katechismuslesungen bis heute gängige Praxis.

Denen, die im Konfirmandenunterricht Fragen und Antworten des Heidelberger Katechismus gelernt haben, war die Lernerei oft eine Quälerei, und doch ist der eine oder andere Satz zu einem Begleiter durchs Leben geworden.

Allerdings: Seit die erste Ausgabe 1563 erschien, hat sich vieles geändert – von Sprache und Ausdrucksweise bis hin zu Lebensfragen. Daran ändert zwar die 1997 sprachlich überarbeitete Version ein wenig, trotzdem wirkt manches heute veraltet, anderes schwer verständlich. Manche Begriffe, die der HK gebraucht, setzen wir heute in Anführungszeichen und lesen sie als Metaphern, als Ausdrücke, die für ein bestimmtes Verhalten, ein bestimmtes Phänomen stehen. Dokumente aus alten Zeiten sind sprachlich wie inhaltlich nur aus dieser Zeit zu verstehen, und der HK stammt noch aus der Reformationszeit.

Geblieben ist, dass der Heidelberger deutlich macht: Der Glaube hilft nicht nur, das Leben zu meistern – vielmehr befreit er zum Leben. Denn er nimmt die Angst vor dem Tod (nicht die Angst vor qualvollem Sterben).

1. Zur Entstehung

Im Jahre 1559 trat Kurfürst Friedrich von der Pfalz (nicht der berühmte, sondern der dritte) sein Regierungsamt über die damals recht bedeutende Pfalz an. Sein Vorgänger im Amt hatte nach dem Augsburger Religionsfrieden von 1555 lutherische Theologen ins Land geholt, war jedoch mit der Einführung der Reformation nicht vorangekommen. Gleichzeitig hatte die Schweizer Reformation Zwinglis und Calvins zahlreiche Anhänger gefunden.

Friedrich III war streng katholisch erzogen, seine Frau, eine Brandenburger Markgrafentochter, war evangelisch. Sie regte ihren Mann zum Bibellesen an, was der zunächst brav, dann eifrig tat. Sehr bald sah er sich der Aufgabe gegenüber, für sein Land die Richtlinien des Glaubens zu bestimmen. Denn weil sein Vorgänger die Reformation weder flächendeckend noch einheitlich eingeführt hatte, gab es nebeneinander lutherische und reformierte Gemeinden, deren Mitglieder zu großen Teilen noch katholisch aufgewachsen waren. Folglich war das Land zerstritten und die Bevölkerung verwirrt.

Um Klarheit zu schaffen und mit der guten Absicht, einen für Lutheraner wie für Reformierte gleichermaßen annehmbaren Katechismus zu schaffen, berief Friedrich III eine Reihe namhafter Professoren an die Heidelberger Universität, darunter zwei junge Theologen: Den aus Breslau stammenden Zacharias Ursin, ganze 28 Jahre alt, der in Wittenberg bei Luthers engstem Mitarbeiter Melanchthon und bei Calvin in Genf studiert hatte. Calvin und Melanchthon waren übrigens eng befreundet und standen sich theologisch in vielem recht nahe. Der zweite Berufene war Caspar Olevian aus Trier, gerade mal 26 Jahre alt, Freund eines Sohnes Friedrichs III und Schüler Calvins. 1561 traten beide ihre Lehrtätigkeit in Heidelberg an, Olevian war gleichzeitig Hofprediger.

1562 begannen die beiden im Auftrag ihres Kurfürsten mit der Arbeit an einer "festen Grundlage biblischer Glaubenserkenntnis", zogen dabei den Zürcher und den Emdener Katechismus ebenso zu Rate wie den Londoner und den Genfer und natürlich Luthers Kleinen Katechismus wie auch seinen Großen. Die Hauptarbeit leistete der Melanchthon-Schüler Ursin. Durch ihn kamen manche Gedanken Luthers – durch Melanchthons Brille gesehen – in den Katechismus. Gelegentlich nahm auch Friedrich III an den Besprechungen teil, und vermutlich wurden auch weitere Professoren zu Rate gezogen.

Über die Gliederung war man sich bald einig: Ein erstes Kapitel sollte von der Gottesferne des Menschen handeln und davon, dass ein Leben ohne Schuld nicht möglich ist, kurz: Von des Menschen Elend. Dann sollte von der Versöhnung mit Gott durch Jesus Christus die Rede sein und davon, dass der Mensch trotz und mit seiner Schuld leben kann und darf, von der Erlösung also. Im einem dritten und letzten Kapitel schließlich sollten die Menschen dazu aufgefordert und daran erinnert werden, in Gedanken, Worten und Werken für ihre Erlösung aus dem Elend in Dankbarkeit zu leben.

2. Die Einleitung

Etliche Gemeinden sprechen – als Bekenntnis ihres nach Gottes Wort reformierten Glaubens - gemeinsam Frage und Antwort Eins des HK. Es handelt sich hier quasi um die Überschrift oder das Motto, worin die Autoren den ganzen Katechismus zusammenfassen:

„Was ist dein einziger Trost im Leben und im Sterben?

Dass ich mit Leib und Seele im Leben und im Sterben nicht mir, sondern meinem getreuen Heiland Jesus Christus gehöre. Er hat mit seinem teuren Blut für alle meine Sünden vollkommen bezahlt und mich aus aller Gewalt des Teufels erlöst.

Und er bewahrt mich so, dass ohne den Willen meines Vaters im Himmel kein Haar von meinem Haupt fallen kann, ja, dass mir alles zu meiner Seligkeit dienen muss.

Darum macht er mich auch durch seinen heiligen Geist des ewigen Lebens gewiss und von Herzen willig und bereit, forthin ihm zu leben.“

Die Frage geht von Trostlosigkeit, von Verlassenheit in der Gottesferne aus – wobei „Trost“ damals eher „Zuversicht, Vertrauen“ bedeutete: Worauf kannst du dich unbedingt verlassen? Eine Frage, die sich auch heute mancher stellt. Denn zu oft haben wir erlebt, dass auf Menschen, Organisationen oder Ideologien wenig bis gar kein Verlass ist.

Die Antwort erinnert in ihrem ersten Teil an das dem einzelnen Menschen unmittelbar, also ohne kirchliche „Gnadenmittel“ geltende Erlösungswerk Christi: Ich bin von Gesetz und Sünde befreit!

Daraus ergibt sich - im zweiten Absatz - zuversichtliche Gelassenheit im Blick auf das eigene Leben und Sterben. Denn nichts und niemand kann die durch Christus geschehene Befreiung gefährden oder gar rückgängig machen.

Der letzte Abschnitt benennt als Folge die geistgewirkte Willigkeit und Bereitschaft zu Gott gefälligem Leben, und zwar „forthin.“ Hier geht es also nicht um Bekehrung, sondern darum, den begonnenen (und durch Christus ermöglichten) Weg fortzusetzen.

Zudem ist die Antwort trinitarisch aufgebaut, wenn auch in der etwas ungewöhnlichen Reihenfolge: Christus als Erlöser – Gott Vater als Bewahrer – der Heilige Geist als Beistand.

Die Antwort auf die folgende Frage nach dem, was zu wissen nötig ist, um in diesem Trost, diesem Vertrauen leben und sterben zu können, stellt eine Art Inhaltsverzeichnis dar:

„Erstlich, wie groß meine Sünde und Elend sei; zum anderen, wie ich von allen meinen Sünden und Elend erlöst werde; und zum dritten, wie ich Gott für solche Erlösung soll dankbar sein.“

Einsicht – Hilfe – Dank lautet also der pädagogische Dreischritt, den der HK in den folgenden 127 Fragen und Antworten gehen will, ein Weg, der in seiner Schrittfolge leicht nachzuvollziehen ist. Jede Antwort ist mit Verweisen auf Texte des alten wie des neuen Testaments untermauert. Dabei ist heute zu berücksichtigen, dass unser Denken sich - etwa durch die Aufklärung, aber auch durch alt- und neutestamentliche Forschung - seit damals erheblich geändert hat.

3. Von den Menschen

Der erste Teil „von des Menschen Elend“ beschreibt den „natürlichen“ Menschen, stellt also eine Anthropologie dar: Am Doppelgebot der Liebe, nämlich Gott und den Nächsten wie sich selbst zu lieben, erkennt der Mensch, dass er von Natur aus dazu nicht in der Lage ist und folglich für „angeborene und wirkliche Sünden“ Strafe verdient, wie Gott sie in seiner Gerechtigkeit fordert. Zwar hat Gott den Menschen gut geschaffen (Frage 6), doch durch die Sünde ist der Mensch verdorben (Frage 7) und nur durch eine „Wiedergeburt durch den Geist Gottes“ zum Guten zurückzuführen (Frage 8). Allerdings verlangt (Frage 11) Gottes Gerechtigkeit nach Strafe.

Doch Gottes Gerechtigkeit ist kein „Wie du mir, so ich dir.“ Vielmehr ist damit Gottes unbedingte Treue zu dem Bund gemeint, den er mit seinem Volk geschlossen hat. Die Frage, wie Gott all das Böse und Schlimme in der Welt zulassen könne, betrifft nicht seine Gerechtigkeit und kann eigentlich gar nicht gestellt werden. Nach den Vorstellungen der Autoren das HK kommt das Böse von dem Bösen, dem „Teufel“ bzw. aus der Sündhaftigkeit des Menschen.

4. Von Christus

Um die Bedeutung Jesu Christi als Mittler zwischen Gott und Mensch geht es in diesem umfangreichsten Abschnitt, in dem das Apostolische Glaubensbekenntnis erklärt wird, die Taufe, das Abendmahl und die Buße.

Zunächst stellt der HK fest, dass Gottes Gerechtigkeit „Bezahlung“ verlangt, der Mensch aber weder für sich selbst noch für andere ein hinreichend großes Bußgeld bezahlen kann. In dieser Feststellung steckt eine Kritik an dem, was die katholische Kirche den sogenannten „Heiligen“, aber auch anderen Menschen wie z. B. Priestern zuschreibt: Dass sie zwischen Gott und Menschen vermitteln könnten Als Mittler und Erlöser bedarf es (Frage 15) eines

„wahren und gerechten Menschen, der zugleich wahrer Gott“ ist - Jesus Christus.

Hier entsteht eine gewisse Spannung: Zum einen gilt, dass Christus alle Menschen erlöst hat, zum anderen wirkt (Frage 20) die Erlösung nur bei denen, die Christus im Glauben „eingeleibt“ sind; Leib Christi ist die christliche Gemeinde.

Nicht auszuschließen ist, dass die Autoren „christlich“ im Sinne von „nach Gottes Wort reformiert“ verstehen, denn darum ging es den Reformatoren: Die damals real existierende (römische) Kirche nach der Bibel als der Urkunde des Glaubens zu reformieren. Keiner der Reformatoren und ihrer unmittelbaren Nachfolger hatte eine Kirchenspaltung im Sinn.

„Glauben“ definiert der HK in Frage und Antwort 21 zunächst als „gewisse (sichere) Erkenntnis“ des in der Bibel Alten und Neuen Testaments „Geoffenbarten“, fragt also nach dem Sinn biblischer Texte und klammert sich nicht an deren Wortlaut. Damit baut der HK Differenzen und Kontroversen zwischen Naturwissenschaften und Theologie vor, denn naturwissenschaftliche Erkenntnisse können den theologischen Gehalten biblischer Texte nichts anhaben und Glaubenserkenntnisse Ergebnisse naturwissenschaftlicher Forschung nicht in Frage stellen.

Des Weiteren versteht HK 21 unter Glauben ein „herzliches Vertrauen“, von Gottes Geist durch das Evangelium gewirkt. Herz und Verstand also sind gleichermaßen am Glauben beteiligt bzw. vom Glauben angesprochen. Es gab Zeiten, in denen Glauben auf Gefühl reduziert wurde, und es scheint, diese Verkürzung erlebt zu unserer Zeit eine Auferstehung. Anders lässt sich kaum erklären, dass heutige Gottesdienste häufig nur das Gefühl ansprechen und nicht auch den Verstand. Das andere Extrem allerdings ist nicht minder bedenklich; Geist und Seele brauchen beide ihre Nahrung wie auch der Körper.

4.1 Von Gott dem Vater

In den Fragen 23 bis 64 folgt das Apostolische Glaubensbekenntnis mit ausführlicher Erklärung. Bemerkenswert ist hier, dass sowohl der erste Artikel von Gott, dem Schöpfer, als auch der dritte vom Heiligen Geist von Christus als dem Mittler her gedeutet werden: „Um seines Sohnes Willen" ist Gott „mein Vater" (Frage 26), der alles erhält und regiert (Frage 27). Diese Frage handelt von der „Vorsehung" Gottes, der seine Schöpfung erhält, indem „Regen und Dürre, fruchtbare und unfruchtbare Jahre, ... Gesundheit und Krankheit, Reichtum und Armut ... von seiner väterlichen Hand uns zukomme." Die hier genannten Gegensatzpaare sind auf dem Hintergrund von HK 1 zu lesen, dass „mir alles zu meiner Seligkeit dienen muss" und stehen im Zusammenhang mit HK 28, dass nichts „uns von der Liebe Gottes trennen kann", Armut ebenso wenig wie Reichtum usw.

„Vorsehung" ist ein im Nationalsozialismus missbrauchter Begriff und dadurch in Misskredit geraten. Der Heidelberger meint damit: Gott hat vorgesehen, dass „keine Kreatur uns von seiner (Gottes) Liebe trennen kann" (HK 28) – weil er um Christi Willen seinem Bund treu bleibt. Bei „Kreatur" mag man an Menschen, aber auch an von Menschen gemachte Ideologien denken, die solche Trennung von Gottes Liebe im Programm hatten und haben. Ihr Wollen ist von Anfang an zum Scheitern verurteilt.

Nur diese drei Fragen und Antworten beschäftigen sich mit dem ersten Artikel des Glaubensbekenntnisses, die nächsten 23 interpretieren den zweiten.

4.2 Von Gott dem Sohn

Der ganze Abschnitt „Von Gott dem Sohn" unterscheidet sich eher durch seine Länge als durch seine Inhalte von den Erklärungen in Luthers Kleinem Katechismus – wie könnte er auch! Orientieren sich beide doch stark an der Erlösungstheologie des Apostels Paulus, die dieser in seinen Briefen nach und nach entwickelt und im Römerbrief abgeschlossen hat. Die paulinische

Erlösungstheologie stand in der Reformationszeit krasser noch als heute im Gegensatz zu katholischer Lehre und Praxis: „Allein aus (Gottes) Gnade", sagt Paulus und „nur durch die Gnadenmittel der Kirche" der Katholizismus.

Einleitend stehen Frage und Antwort 32: Warum wirst du ein Christ genannt? Der HK fragt nicht, ab wann ich ein Christ genannt werde (ab der Taufe bei Katholiken und Lutheranern, ab einer erlebten Bekehrung bei manchen Freikirchen), sondern er fragt nach dem Warum und antwortet recht lapidar: „Weil ich durch den Glauben ein Glied Christi bin." Der Glaube hängt mithin weder von einem Ritual ab noch von einem mit Datum und Uhrzeit zu benennenden Erlebnis; Glaube findet seinen Ausdruck im Bekennen, im Dankopfer und im Kampf gegen Sünde und Teufel, um an Gottes Herrschaft teilzuhaben. Diese drei Tätigkeiten zählt der HK zu den Ämtern der Gemeinde; sie entsprechen dem dreifachen Amt Christi als Prophet (Verkündigung), Priester (Opfertod) und König (Kampf und Herrschaft) Wenn in Frage 86 „gute Werke" genannt werden, sind diese drei Ausdrucksweisen des Glaubens mitzudenken.

Glaube aber, die Gewissheit unseres Erlöstseins also, unseres Befreitseins von Gesetz und Sünde, zu akzeptieren und zu verinnerlichen, fällt uns oft schwer. Wie wir uns selbst sehen und erleben, steht dem entgegen. Zu gern richten wir uns einerseits bequem selbst nach antichristlichen Vorgaben und ziehen bei Gegenwind den Kopf ein, anstatt mutig zu bekennen. Andererseits erwarten wir angemessene Strafe für Verfehlungen, bestrafen uns gar selber, wenn die erwartete Strafe ausbleibt.

Auffällig oft werden die „zwei Naturen" Christi betont: Wahrer Mensch und wahrer Gott. Dahinter verbirgt sich ein uralter Streit von Dogmatikern, ob Jesus Mensch, Gottmensch oder Gott gewesen sei. Etwa ab dem fünften Jahrhundert hat die „Zweinaturenlehre" sich durchgesetzt, eine Kompromissformel, die allerdings die Kirche zusammenhalten konnte. Spätere Kirchenspaltungen (Orthodoxe und Römer 1054, die Wittenberger und die Schweizer Reformation im 16. Jahrhundert und andere) erfolgten aus anderen Gründen.

„Trost aus der Hölle“ verspricht HK 44: Weil Christus alles erlitten hat, was es an Qualen für Leib und Seele gibt (Todesangst!), kann ich mich darauf verlassen, von höllischen Ängsten und Schmerzen erlöst zu sein. Erlöst – nicht befreit. Aber auch in tiefsten Tiefen des Zweifels und der Verzweiflung gehalten und getragen im Sinne von HK 1.

Eng verbindet der Abschnitt „Von Gott dem Sohn“ Rechtfertigung mit Heiligung. Mit Rechtfertigung ist gemeint, dass wir „durch Christus“ zu bündnistreuen Partnern des Bundes Gottes mit seinem Volk geworden sind. Zwar hält Gott „Bund und Treue ewiglich“, doch der Mensch ist „von Natur aus geneigt, Gott und seinen Nächsten zu hassen“ (HK 4), wird also immer mal wieder vertragsbrüchig. Christus aber hat den Bund „unverbrüchlich“ auch für den (glaubenden) Menschen gemacht.

Dieser reagiert darauf mit dem entsprechenden Verhalten, der „Heiligung“, sodass er „mit aufgerichtetem Haupt“ (HK 52) vor Gott treten kann. Dazu „gießt Christus durch seinen Heiligen Geist ... himmlische Gaben in uns aus“ (HK 51): Auch die Heiligung als dankbare Reaktion auf die Rechtfertigung ist Werk und Gabe Christi. Damit leitet der HK zum dritten Artikel des Glaubensbekenntnisses über.

4.3 Von Gott dem Heiligen Geist

Während im Kirchenjahr die großen Feiertage Weihnachten und Ostern mit allerlei Sitten und Bräuchen gefüllt sind, bleibt Pfingsten als das Fest des Heiligen Geistes merkwürdig leer. Im HK wird es beim Heiligen Geist recht konkret:

Der Heiligen Geist weckt den Glauben, durch den „ich an allen Wohltaten Christi“ teilhabe (HK 53) und durch den Christus seine Kirche „versammelt, schützt und erhält“ (HK 54). Die Mitglieder der Kirche bewegt der Heilige Geist, ihre „Gaben zu Nutz und Heil der anderen Glieder willig und mit Freuden anzulegen“ (HK 55).

Zu Nutz und Heil, und in dieser Reihenfolge: Man kümmert sich darum und sorgt zunächst dafür, dass kein Gemeindeglied unter materiellem Mangel leidet. Erst nach behobenem Mangel ist der Mensch bereit und in der Lage, sich auch um sein Heil zu kümmern, ist er offen für die Botschaft des Evangeliums. Jedes Gemeindeglied trägt also – seinen Gaben und Begabungen entsprechend – Verantwortung für „Nutz und Heil" der anderen. Das bedeutet auch, dass jedes Gemeindeglied sich bei materieller oder seelischer Not an jedes andere Gemeindeglied wenden darf und kann. Diakonie und Seelsorge als Aufgabe, als Amt der Gemeinde – wie auch eines jeden ihrer Mitglieder. Dies ist auch deshalb möglich, weil durch Christus eine (zumindest damals) große Sorge völlig überflüssig geworden ist: HK 56 stellt fest, „dass ich ins Gericht (Gottes) nimmermehr soll kommen."

Die Fragen und Antworten 59 und 60 unterstreichen noch einmal die geschehene Erlösung des Menschen aus dem Elend. Solche Gewissheit macht frei für die Nöte anderer. Auf die Gefahr, dass solche Gewissheit sorglos machen könnte, antwortet HK 62 – schon auf das Kapitel von der Dankbarkeit hinweisend – dass ein glaubender Mensch darauf nur und ausschließlich mit Früchten der Dankbarkeit reagieren kann.

4.4 Von den Sakramenten

Hier schließt der Heidelberger nun die beiden Sakramente Taufe und Abendmahl an. Sakramente sind als „sichtbare Wahrzeichen und Siegel" (HK 66) der geschehenen Erlösung definiert, woran sie „erinnern und (derer sie) vergewissern." Sie dienen dazu, die Verheißung des Evangeliums besser zu verstehen. Damit nimmt der Heidelberger den Sakramenten alles Geheimnisvolle, Mystische; das Taufwasser ist und bleibt Wasser, H_2O, die Abendmahlselemente sind und bleiben Brot und Wein und nichts anderes.

Die Taufe, ein „äußerliches Wasserbad" (HK 72) wird mit dem Taufbefehl Mt 28 begründet, die Taufe von Kindern ausdrücklich bejaht, „weil sie in den

Bund Gottes und seine Gemeinde gehören“ (HK 74); die Taufe wird als Zuspruch der geschehenen Erlösung sowie als Aufnahme in den Bund Gottes und in die Gemeinde gesehen. Da die Taufe – wie auch das Abendmahl – nicht „heilsnotwendig“ ist, erübrigen sich „Nottaufe“ und „Krankenabendmahl.“

Zum Abendmahl werden nicht die Einsetzungsworte nach Mtth 26 zitiert, die als einzige der vier neutestamentlichen Versionen das Abendmahl mit Sündenvergebung verbinden. Vielmehr beruft der Heidelberger sich auf 1. Kor. 11 und damit auf die älteste Version: Nicht im oder durch das Abendmahl werden Sünden vergeben, sondern sie sind es bereits durch den Opfertod Christi (Frage 80). Daran erinnert, darin vergewissert das Abendmahl die Teilnehmenden wie auch die Zuschauenden: „Solches tut zu meinem Gedächtnis.“ Denn im Gedenken verbindet sich das Erinnerte mit mir und wirkt auf mich ein.

Am Abendmahl darf bzw. soll teilnehmen, wer sich als Sünder erkannt hat, auf die geschehene Erlösung durch Christus vertraut, Stärkung seines Glaubens erhofft und sein Leben zu bessern gedenkt (HK 81). Der Heidelberger setzt also ein hohes Maß an Fähigkeit zur Selbstreflexion voraus, um am Abendmahl teilzunehmen, und wer das nicht aufbringt, „der isst und trinkt sich selbst zum Gericht“ (ebd.) Damit setzt der HK auf Selbstverantwortung der Gemeindeglieder, zieht damit auch eine Grenze etwa im Blick auf kleine Kinder.

Die Mitgliederversammlung des Reformierten Bundes hat übrigens vor etlichen Jahren einen das katholische Abendmahlsverständnis verurteilenden Passus („vermaledeite Abgötterei“, ein Ausdruck Luthers) aus der Antwort auf Frage 80 relativiert. Dies bedeutet, dass wir inzwischen das katholische Abendmahlsverständnis als ein mögliches anerkennen – und umgekehrt Entsprechendes erwarten.

Auf Taufe und Abendmahl folgen Fragen und Antworten zum „Amt der Schlüssel“, u. a. mit Mtth 16, 19 (Petrus) begründet. Doch wenn von einem „Amt“ die Rede ist, handelt es sich um Aufgaben der Gemeinde: Ihre Aufgabe bzw. die ihres Leitungskollegiums ist es, solche Menschen, die „unter dem christlichen Namen unchristliche Lehre oder Wandel führen“, geschwisterlich zu ermahnen, ggf. vom Abendmahl auszuschließen und sie wieder anzunehmen, wenn sie „wahre Besserung verheißen.“

Der (früher) oft gehörte Vorwurf, die reformierte Praxis der Kirchenzucht schlösse von der Vergebung der Sünden aus, trifft daneben. Denn die Vergebung ist ein für alle mal durch Christus geschehen, hängt also weder von Taufe oder Abendmahl ab noch von sonstigen kirchlichen Sitten und Gebräuchen.

Dass der Heidelberger Katechismus – wie alle reformatorischen Schriften – dem Thema „Sünde“ viel Platz einräumt, ist aus der Zeit und der Auseinandersetzung mit dem Katholizismus zu verstehen. Das katholische Menschenbild ist das des Sünders, der auf die „Gnadenmittel der Kirche“ angewiesen ist. Dadurch lebten die Menschen in steter Angst vor „Höllenqualen und ewiger Verdammnis.“ Diese Angst wurde geschürt und saß tief. Die befreiende Botschaft von der „Rechtfertigung des Sünders allein aus Gnade“ konnte nur gehört werden, wenn die vorhandene Angst ernst genommen wurde. Der Weg vom Selbstverständnis als „Sünder“ zu dem als „erlöster Sünder“ war selbst für manche Reformatoren nicht leicht.

5. Von der Dankbarkeit

Ein dem Glauben gemäßes Leben, Heiligung also, ist das Thema des letzten Kapitels des Heidelberger Katechismus. Die „krumme“ Zahl von 129 Fragen und Antworten zeigt, dass in deren Anzahl keinerlei tiefere Bedeutung, Zahlensymbolik oder gar Zahlenmystik verborgen liegt.

Im dritten Kapitel geht es zunächst um gute Werke, die nötig sind, weil sie 1. Zeichen der Dankbarkeit für die Erlösung aus dem Elend sind, 2. der Mensch aus seiner Fähigkeit zu guten Werken sich seiner Erlösung gewiss werden kann, und sie 3. ein probates Mittel zur Mission darstellen (Frage 86). Gute Werke sind vor allem das Bekennen, das Dankopfer und der Kampf gegen Sünde und Teufel (HK 32), das Halten der Gebote Gottes und – vor dem allen - das Beten. Zweck der Dankbarkeit ist, Gott zu preisen, und dazu zählt auch das Singen von Psalmen. Letztlich ist alles, was „aus wahrem Glauben nach dem Gesetz Gottes ihm zu Ehren" (HK 91) getan wird, Ausdruck von Dankbarkeit und somit ein gutes Werk.

Die ab HK 91 folgenden Gebote werden in ihrer biblischen Zehnzahl, zu der auch das Verbot der Bilderverehrung gehört, ausführlich erklärt. In ihnen ist uns gesagt, „wie wir uns gegen Gott sollen halten" und „was wir unserem Nächsten schuldig sind" (HK 94). Wieder geht es um Vertrauen („Trost") auf Gott, um „Gottes Ehre und des Nächsten Heil" (HK 101), und auch dessen „Nutz", sein Wohl, kommt wieder in den Blick (z. B. HK 107 und 111).

Wie auch Luthers Kleiner Katechismus, stellt der Heidelberger fest, dass die „zu Gott Bekehrten" die Gebote nicht „vollkömmlich" halten können. Anders als Luther sieht der Heidelberger aber die Möglichkeit, „mit ernstlichem Vorsatz ... nach allen Geboten Gottes zu leben" anzufangen (HK 114), bis „das Ziel der Vollkommenheit nach diesem Leben" erreicht ist (HK 115). Diese Möglichkeit zu nutzen, ist ein Wirken des Geistes Gottes.

Auch das Beten ist Ausdruck von Dankbarkeit, und zwar deren „vornehmstes Stück" (HK 116). So schließt der HK mit Fragen und Antworten zum Unser-Vater-Gebet, verbindet darin „Geistliches" und „Irdisches" als zueinander gehörend. Dabei dient das Irdische dem Erkennen (der „Erkenntnis") Gottes, wie andererseits das Geistliche uns die Augen dafür öffnet, im Irdischen Gott zu erkennen (z. B. HK 125).

Darin, dass das Unser-Vater am Schluss steht und der Katechismus mit „Amen“ endet, wird deutlich, dass wir unseren „einzigen Trost im Leben und im Sterben“ (HK 1) im Gebet erfahren und erkennen. Zugleich vergewissert das Amen uns, dass „mein Gebet viel gewisser von Gott erhört ist, als ich ... solches von ihm begehre“ (HK 129)

Es fällt auf, dass manche Ausdrücke und Wendungen immer wieder vorkommen und sich wie rote Fäden durch den Katechismus ziehen, z. B. „gewiss“ im Sinne von „sicher, bestimmt“ und der Hinweis auf die durch Christus bereits geschehene Erlösung. Dieses pädagogische Mittel der Wiederholung hilft einerseits, dass solche Ausdrücke und Wendungen sich am ehesten einprägen. Zum anderen drücken sie die theologische Grundlage aus, auf der alle Einzelfragen und –antworten beruhen. Sie ist in HK 1 zusammengefasst, wird dann Schritt für Schritt entfaltet und am Ende mit einem Amen bestätigt.

6. Auswirkungen und Folgen

Im späten Herbst 1562 lud Kurfürst Friedrich von der Pfalz alle Superintendenten und bedeutenden Kirchendiener – so nannten sich die reformierten Pastoren damals, und „Kirche“ meint „Gemeinde“ – nach Heidelberg ein, um den Entwurf ausführlich zu diskutieren. Am 19. Januar 1563 unterschrieb der Kurfürst sein persönliches Vorwort, dann ging der Heidelberger Katechismus in Druck und verbreitete sich schnell.

Sein Ziel, einen Einheitskatechismus zu schaffen, hat Kurfürst Friedrich III allerdings verfehlt. Das liegt wohl daran, dass das Luthertum sich 1530 mit der „Confessio Augustana“ auf Luthers Theologie festgelegt hatte und weder Melanchthons noch gar Calvins weiterführenden Gedanken annehmen konnte und wollte. So wurde der Heidelberger zum Katechismus der Reformierten.

Lutheraner haben 1566 Friedrich III beim Kaiser angeklagt, gegen die Augsburger Konfession verstoßen zu haben. Er wurde nach Worms vor den

Reichstag zitiert. Der Kaiser verlangte unter Androhung strengster Strafen, dass der Kurfürst seine Reformation zurücknähme und den Heidelberger Katechismus einstampfen ließe. Friedrich III stellte fest, dass es für ihn nur einen Herren aller Herren, einen König aller Königreich gäbe, dem er gehorche: Jesus Christus. Außerdem sei sein Katechismus unumstößlich, weil biblisch begründet. Da stand er nun und konnte nicht anders...

Und der Reichstag konnte nicht anders, als das zu respektieren – sicherlich auch deshalb, weil Friedrich III ein Kurfürst und nicht irgendein Mönchlein aus Wittenberg war. Der Kurfürst jedenfalls wurde nicht mit Acht und Bann belegt, sondern konnte seine Reformation fortsetzen – was kann man auch gegen biblisch begründete Aussagen einwenden!

Der Heidelberger Katechismus war bald europaweit verbreitet, 1619 wurde er auf der europäischen reformierten Synode zu Dordrecht zur Bekenntnisschrift erklärt, und noch heute gibt er den weltweit über 100 Millionen reformierten Christen Mut und Zuversicht im Leben und im Sterben. Denn als Erlöste brauchen wir nichts und niemanden zu fürchten, und weil wir einen Herren haben, Jesus Christus, kennen wir keinen Menschen, der über uns stünde. Hat nicht Jesus sinngemäß gedroht: Wer unter euch groß sein will, der soll klein gemacht werden!?

Der HK ist die wichtigste reformierte Bekenntnisschrift geworden. Bekenntnisschriften aber sind für uns grundsätzlich revidierbar, was Reformierte von z. B. Lutheranern unterscheidet; sie sehen die 1530 verabschiedet Confessio Augustana als unveränderbar und zitieren aus ihr wie aus der Bibel. Die Barmer Erklärung von 1934, die Leuenberger Konkordie von 1973 haben heute in der Reformierten Weltfamilie ebenfalls den Rang von Bekenntnisschriften. Wie in Südafrika das Bekenntnis von Belhar (1986), haben auch andere Reformierte Kirchen eigene Bekenntnisschriften erarbeitet.

Denn eine Kirche, die sich nicht erneuert, sich nicht auf die sich ändernden Zeiten einstellt, erstarrt; nur eine lebendige Kirche hat auch lebendige Glieder – wie umgekehrt lebendige Glieder die Kirche, die Gemeinde lebendig halten. Weil aber „der Sohn Gottes sich eine auserwählte Gemeinde ... durch seinen Geist und Wort versammelt, schützt und erhält“, sind und bleiben wir lebendige Glieder, die ihre Gaben „willig und mit Freuden“ in der Gemeinde anlegen

II Der Heidelberger Katechismus – zwölf Predigten

Es war zum Ritual geworden: Irgendwann im Lauf der Woche rief der über achtzigjährige Pastor seinen jungen Kollegen an. Er beschwerte sich dann über die unverständliche Sprache des Heidelberger Katechismus und dass ihm der Sinn der Sonntagslesungen nicht aufgehe. So etwas müsse man in moderner Sprache ausdrücken, damit auch die Jugend das verstünde.

Eine Zeit lang hatte der junge Pastor seinen älteren Kollegen noch darauf hingewiesen, dass in der Gemeinde die jüngste Fassung des Heidelberger in Gebrauch sei, dass ältere Gemeindeglieder sich freuten, wenn sie die Texte in Gedanken mitsprechen konnten, und dass junge Menschen ohnehin nicht zum Gottesdienst kämen. Dieser Hinweis hatte in schönster Regelmäßigkeit zu einer „Henne-oder-Ei"-Diskussion geführt. Vertane Zeit.

Eines Tages brachte der junge Pastor seinen alten Kollegen mit dem Hinweis völlig aus dem Ritual, dass eine Kommission gebildet sei, um den Heidelberger sprachlich zu überarbeiten, und ob er nicht teilnehmen möge. Dafür sei sein kleines Licht nicht hell genug, hatte der alte Kollege geantwortet, er sei aber auf das Ergebnis gespannt. Wer denn der Kommission angehöre, wollte er wissen. Der Jüngere blätterte im Sonntagsblatt und erzählte, dass Herr Brückner den Vorsitz habe, dass außerdem Pastor Friedrich dazugehöre, eine Frau Treu als Kirchenälteste, eine Frau Klein, Gymnasiastin und Mitglied im Jugendausschuss, und ein Professor Harms, ein Germanist.

„Lauter Funktionäre", beschwerte sich der Alte, „man muss doch dem Volk aufs Maul schauen!" – „Und dir manchmal aufs Maul hauen", dachte der Jüngere, sagte aber: „Dann müsste man wohl alle paar Jahre wieder anfangen. Da ist es sicherlich besser, über Fragen und Antworten des Heidelberger zu predigen. Das ist ja leider völlig aus der Mode gekommen. Dabei hat der Heidelberger so viel zu Aktuelles sagen."

Der Alte schwieg, nur sein heftiges Atmen drang durchs Telefon. „Dann fangen Sie mal an", sagte er schließlich, und der Jüngere sagte: „Gern - wenn der Kirchenrat zustimmt." Das tat der und legte eine Katechismuspredigt pro Monat fest, jeweils zur sonntäglichen Katechismuslesung. Der Beginn der Serie fiel auf das neunte Gebot.

Predigt 1

„Was will das neunte Gebot?

Dass ich wider niemand falsch Zeugnis gebe, niemand seine Worte verkehre, kein Afterredner und Lästerer sei, niemand unverhört und leichtlich verdammen helfe; sondern allerlei Lügen und Trügen als eigene Werke des Teufels bei schwerem Gotteszorn vermeide, in Gerichts- und allen anderen Handlungen die Wahrheit liebe, aufrichtig sage und bekenne, auch meines Nächsten Ehre und Glimpf nach meinem Vermögen rette und fördere."

Dies ist der Wortlaut von 1563; im Laufe der Zeiten hat es immer wieder sprachliche Überarbeitungen gegeben.

Die kleine Kommission, die den Heidelberger sprachlich aktualisieren soll, tagt mal wieder über ein Wochenende in einer Tagungsstätte. Einer aus der Runde, Pastor Friedrich, hat ein ausgeprägtes Sprachempfinden und arbeitet fast immer Entwürfe vor. Die sind gut bis sehr gut. Doch es wäre kein reformiertes Gremium, wenn man einem einzelnen etwas abnähme, ohne darüber zu diskutieren und ein gemeinsames Ergebnis zu finden. Nur, was von allen getragen wird, ist tragfähig. Indem sie also die Vorlage diskutieren, machen sie sich das Ergebnis zu eigen.

Die Gebote sind dran, und nun nehmen sie sich das neunte vor: Du sollst kein falsch Zeugnis reden wider deinen Nächsten. Hier ersetzen sie lediglich das „kein" durch ein „nicht." Denn am Wortlaut der Gebote wollen sie möglichst nichts ändern. „Die dürfen ruhig etwas altertümlich klingen", meint Herr Friedrich, „schließlich sind sie uralt und entsprechend wertvoll." Frau Treu, wirft ein, dann könne es doch auch beim „kein“ bleiben. Mit dem Hinweis von Herrn Harms, dass ja auch die anderen Gebote der zweiten Tafel ein „nicht“ hätten und somit ein gewisser Gleichklang entstünde, gibt sie sich zufrieden.

„Doch jetzt zur Antwort“, drängt Herr Friedrich und blickt zur Uhr, „um halb eins gibt's Essen, und dann wollten wir mit den Geboten fertig sein. Wir haben uns ja schon geeinigt, das „dass“ durch „ich soll“ zu ersetzen. Und jetzt weiter. Frau Klein?“

Frau Klein steht kurz vorm Abitur, ist in der Jugendarbeit aktiv und will Theologie studieren. „Ich würde den ersten Satz völlig neu formulieren: Gegen niemand falsch Zeugnis geben, heißt der in der Ausgabe von 1963. So spricht doch heute kein Mensch mehr. Keine falschen Aussagen machen, würde ich sagen.“ – „Ich nicht“, kontert Frau Treu, „denken Sie doch bitte auch an die älteren Leute, die den ganzen Katechismus auswendig im Kopf haben! Wollen Sie die düpieren?“ – „Und wollen Sie die Jungen düpieren?“ fragt Frau Klein zurück.

„Das hilft uns jetzt nicht weiter“, stellt der Vorsitzende Herr Brückner fest, „lassen Sie uns einen Mittelweg suchen. Falsche Aussage, Frau Klein, ist ein juristischer Begriff; falsches Zeugnis meint mehr: Wir sollen über niemanden etwas sagen, das nicht stimmt oder nicht stimmen könnte. Vermutungen z. B., Schlussfolgerungen aus dem Aussehen oder Verhalten anderer. Vorurteile, die wir gegenüber manchen Gruppen haben, gehören hier auch hin. Was sagt denn der Germanist dazu?“

Herr Harms denkt einen Augenblick nach, dann informiert er, dass „Zeugnis“ in der Tat der vorzuziehende Ausdruck sei, denn seine ursprüngliche Bedeutung sei „jemanden zu oder als etwas erklären – wie ein Schulzeugnis jemanden für klug oder mittelmäßig oder dumm erklärt.“ – „Und damit oft ein Leben lang festlegt“, ergänzt Frau Klein und denkt an ihr bevorstehendes Abiturzeugnis.

Herr Friedrich räuspert sich, wie er es immer tut, wenn er etwas sagen will. Dann fragt er, ob denn sein Vorschlag „Ich soll keinen Menschen festlegen“ passabel sei. Frau Treu, die sich zurückgelehnt hat, schießt vor, doch der Vorsitzende ist schneller und meint, dass träfe die Sache zwar, sei auch elegant formuliert, doch wir hätten es in der Kirche nun mal immer wieder mit dem Zeugnis zu tun, ihm läge deshalb an diesem Begriff. Und das „Geben“ möge bitte auch stehen bleiben, denn es mache deutlich, dass jedes Zeugnis, also auch ein falsches, unzutreffendes, anderen Menschen ins Ohr und ins Herz gegeben werde.

Herr Friedrich, der protokolliert, schreibt den Satz auf, weil alle beifällig nicken, und schlägt vor, aus „Worte verkehren“ ein „Worte verdrehen“ zu machen. Das Wort „verkehren“ sei zu vieldeutig und der Ausdruck, jemandem das Wort im Mund zu verdrehen, allgemeinverständlich. „Einverstanden?“ fragt er und blickt zu Frau Treu. Als diese nickt, hält er die Änderung fest.

Frau Klein zieht die Aufmerksamkeit der Runde auf sich, denn sie kichert verhalten in sich hinein. Dann nimmt sie ihre Ausgabe von 1963 und zeigt Herrn Harms ein Wort, worauf der schallend zu lachen beginnt. „Afterredner“, prustet er schließlich, und die anderen müssen auch lachen. Nur Frau Treu blickt pikiert an die Zimmerdecke.

„Hinter dem Rücken eines anderen über ihn reden“, erklärt Herr Brückner, die anderen an die Arbeit gemahnend; das Lachen ebbt ab; „ich würde hier gern das Wort „hinterrücks“ einbringen, denn das trifft die Sache. Herr Friedrich, haben Sie einen Vorschlag?“ Herr Friedrich hat keinen, regt aber zugleich an, aus dem „Lästerer“ einen „Verleumder“ zu machen, das träfe heute das Gemeinte besser; „lästern“ habe einen Bedeutungswandel in Richtung Satire durchgemacht. Dann schreibt er, und der Vorsitzende Brückner fragt, wie es denn jetzt laute. Herr Friedrich liest: „Ich soll gegen niemanden falsches Zeugnis geben, niemandem seine Worte verdrehen, nicht hinter seinem Rücken reden und ihn nicht verleumden.“ - „Einverstanden?“ fragt Herr Brückner in die Runde, dabei die beiden Frauen so unterschiedlichen Alters anblickend; sie nicken.

Herr Harms ergreift das Wort: „Damit es etwas schneller geht: statt ‚unverhört' sagen wir heute ‚ungehört.' Und ‚leichtlich' meint ‚leichtfertig.' Das brauchen wir nicht zu diskutieren, und auch nicht, dass das alte ‚Verdammen' unserem heutigen ‚Verurteilen' entspricht. Kommen wir also zum Teufel. Da sind wohl eher die Theologen gefragt als ein Germanist. Ich gehe mal eine rauchen." Sagt's und enteilt Pfeife stopfend.

Als er wieder hereinkommt, albern die anderen über irgendetwas, allen voran Frau Treu. Herr Harms bemerkt, dass es um das fast ausgestorbene Wort „Glimpf" geht, und da er Frau Treu nicht besonders schätzt, wendet er sich an sie: „Ein solch altehrwürdiges Wort vermögen Sie zu verunglimpfen?" Sofort legt Frau Treu ihrem Gesicht den üblichen frommen Ausdruck an, und der Vorsitzende erklärt, sie hätten den Ausdruck nicht deuten können und die Wartezeit halt mit Wortspielerei gefüllt.

„Glimpf", doziert der Professor und nimmt die Ausgabe von 1563 zur Hand, „Glimpf bedeutet so viel wie Unbeschadetheit, Unverletztheit, allerdings weniger auf den Körper bezogen. Eine Verunglimpfung ist z. B. etwas Ehrverletzendes, das Ansehen Beschädigendes; Glimpf demzufolge das Ansehen eines Menschen, seine Würde auch. Dass die Würde eines Menschen unantastbar ist, ist uns geläufig. Dem Heidelberger geht es hier aber nicht nur um Unantastbarkeit, sondern um Erhalt und Förderung des Ansehens eines Menschen." – „Könnte man hier nicht einfach vom ‚guten Ruf' sprechen?" fragt Frau Klein, und Herr Friedrich meint, das sei ein guter Vorschlag. Denn erstens sei der Begriff nicht so bedeutungsschwer wie Würde, und zweitens gingen Menschen ja oft recht leichtfertig mit dem guten Ruf anderer um. Daher sei das wohl genau die richtige Mahnung.

Ein Gong tönt durchs Haus, der Vorsitzende blickt auf die Uhr. „Mittag", stellt er fest. „Setzen wir uns anschließend noch ein Stündchen zusammen, um das zehnte Gebot auch noch zu erledigen?" In das allgemeine Nicken hinein fragt der Protokollant: „Bleibt das denn jetzt so: „Ich soll gegen niemanden falsches Zeugnis geben, niemandem seine Worte verdrehen, nicht hinter seinem Rücken reden und ihn nicht verleumden. Ich soll niemanden ungehört und leichtfertig verurteilen helfen und alles Lügen und Betrügen als Werk des Teufels bei Gottes schwerem Zorn vermeiden. Vor Gericht und in allem meinen Tun soll ich die Wahrheit lieben, sie aufrichtig sagen und bekennen und auch meines Nächsten Ehre und guten Ruf nach Kräften retten und fördern."

„Das kann so bleiben", stellt der Vorsitzende Brückner fest, „und jetzt hab ich Hunger." Als die Gruppe in den Speisesaal kommt, geht der Kanon „Danket; danket dem Herrn" gerade zu Ende. Amen

Predigt 2

Die Kommission tagt wieder über ein Wochenende. Diesmal ist das Apostolische Glaubensbekenntnis dran. Orthodoxe, Katholiken und Protestanten benutzen es als verbindliche und verbindende Grundlage des christlichen Glaubens. Die Autoren des Heidelberger haben nun vor dem Glaubensbekenntnis zunächst das Christsein definiert; 1563 klang das so:

„Weil ich durch den Glauben ein Glied Christi und also seiner Salbung teilhaftig bin, auf dass auch ich seinen Namen bekenne, mich ihm zu einem lebendigen Dankopfer darstelle und mit freiem Gewissen in diesem Leben wider die Sünde und den Teufel streite und hernach in Ewigkeit mit ihm über alle Kreatur herrsche."

„Das versteht doch heute kein Mensch mehr", kommentiert Frau Klein, nachdem Herr Brückner den Text verlesen hat. „Ich wohl", kontert Frau Treu; Frau Klein verbeißt sich eine spitze Bemerkung über deren Alter. „Vielleicht sollten wir erst einmal hören, was Bruder Friedrich vorbereitet hat", entspannt Herr

Brückner die Atmosphäre, und Pastor Friedrich beginnt, in seinen zahlreichen Papieren zu suchen. Derweilen schenkt Frau Treu allen Kaffee nach. „Da hab ich's", atmet Friedrich schließlich auf und beginnt: „Der HK fragt nicht, ab wann ich ein Christ genannt werde. Bei Katholiken und Lutheranern ist das die Taufe; nach einer katholischen Taufe wird dem Täufling gesagt: Jetzt bist du ein Christ. Bei manchen Freikirchen hingegen muss man eine persönliche Bekehrung erlebt haben, soll Tag und Stunde benennen können. Der Heidelberger aber fragt nach dem Warum und antwortet recht lapidar: „Weil ich durch den Glauben ein Glied Christi bin."

Nach reformiertem Verständnis hängt das Christsein also weder von einem Ritual ab noch von einem exakt zu benennenden Erlebnis. Christ ist, wer glaubt, dass Jesus der Christus ist. Solcher Glaube findet seinen Ausdruck im Bekennen, im Dankopfer sowie im Kampf gegen Sünde und Teufel. Dadurch hat der so Glaubende an Gottes Herrschaft teil. Die drei Tätigkeiten Bekennen, Danken und Kämpfen zählt der HK zu den Ämtern der Gemeinde; sie entsprechen dem dreifachen Amt Christi als Prophet oder Verkündiger, als – sich selbst – opfernder Priester und als kämpfender und herrschender König."

„Und was ist mit der Salbe?" fragt Frau Klein. „Salbung", korrigiert Herr Brückner und erklärt: „Das Wort ‚Christus' heißt übersetzt bekanntlich ‚der Gesalbte,' also der von Gott zum Propheten, zum Priester und zum König Eingesetzte. Durch den Glauben sind wir quasi auch gesalbt und haben dadurch den Auftrag, zu bekennen, Dank zu opfern und gegen Sünde und Teufel zu kämpfen."

„Sagen Sie mal", fragt Professor Harms, „sind Sie der Meinung, dass „Sünde" und „Teufel" heute noch verständliche Begriffe sind? In der Reformationszeit waren sie gängig, weil die katholische Kirche damit Höllenangst schürte, um die Menschen im Schach zu halten und Ablass zu verkaufen. Die Reformatoren haben diese Begriffe aufgenommen, um die Ängste abzubauen. Es ist doch reformierte Überzeugung, dass wir seit Golgatha und Ostern erlöst sind und nichts und niemanden zu fürchten haben, oder?"

„Da haben Sie recht", antwortet Pastor Friedrich, „und darum haben wir ein ‚freies Gewissen', wie es hier heißt. Aber damit ist doch das Böse noch nicht aus der Welt. Denken Sie nur an den Überfall auf Ausländer vor ein paar Tagen!"

„Dann sollten wir ‚Sünde und Teufel' durch ‚das Böse' ersetzen", schlägt Frau Klein vor. Frau Treu ist strikt dagegen, sie hat klare Vorstellungen von dem, was Sünde ist, und der Teufel hat für sie konkrete Namen.

„Ich finde ihren Vorschlag in der Sache gut", wendet Herr Brückner sich an Frau Klein, „meine allerdings, dass die Menschen auch heute „Sünde und Teufel" durchaus als Symbol für alles Böse verstehen. ‚Das Böse' ist mir zu abstrakt, ich hab es lieber etwas anschaulicher, plastischer." – „Na, gut", lenkt Frau Klein ein, „aber dann muss die ‚Kreatur' weg. Das hat für mich so was Abwertendes. ‚Geschöpf' ist das deutsche Wort dafür, klingt aber deutlich positiver." Dem kann sogar Frau Treu zustimmen.

„Sind wir durch?" fragt Herr Brückner mit Blick auf die Uhr und sieht allgemeines Kopfnicken; nur Pastor Friedrich blättert in seinen Papieren. „Oder haben Sie noch was, Bruder Friedrich?"

„Nur eine Frage noch", reagiert der, „obwohl Pastor, komme ich mit dem letzten Satz nicht klar: Dass ich hernach in Ewigkeit mit Christus über alle Kreatur - bzw. über alle Geschöpfe - herrsche."

„In der Ewigkeit", wirft Frau Treu ein. „Irrtum", ruft Professor Harms, „da steht: In Ewigkeit. Mit anderen Worten: Für alle Zeit, mit noch anderen Worten: Es gibt nichts und niemanden, der, die oder das uns von Christus trennen kann. Mehr steht da nicht und auch nicht weniger."

„Und worauf beziehen Sie das ‚Hernach'?" versucht Frau Treu ihre Sicht zu retten, worauf Herr Brückner mit abermaligem Blick auf die Uhr feststellt: „Auf den gewonnenen Kampf gegen Sünde und Teufel, auf das Reich Gottes also, und das hat Jesus durchaus diesseitig verstanden. ‚Hernach' mahnt uns zum Durchhalten, enthält allerdings auch Hoffnung auf ein Leben nach diesem Leben."

Dann wendet Herr Brückner sich an Frau Klein, sie möge zum Tagesabschluss noch ein Lied anstimmen, der Tag sei lang genug gewesen. „Der Tag, mein Gott, ist nun vergangen", stimmt Frau Klein an, und während sie singen, stopft Professor Harms schon seine Pfeife. Amen

Predigt 3

Die Advents- und Weihnachtszeit ist vorüber, das neue Jahr hat ruhig begonnen, da treffen sich Herr Brückner, Pastor Friedrich, Frau Treu, Professor Harms und Frau Klein zu ihrer nächsten Sitzung. In der Adventszeit haben sie pausiert, denn alle waren in ihren Gemeinden stark eingespannt. Lediglich Professor Harms nicht, und darum hat er es übernommen, das Treffen vorzubereiten.

Die erste Sitzung am Morgen eröffnet er mit Losung, Lehrtext und dem Hinweis, dass sie es nun mit einen ebenso grundsätzlich wichtigen wie kompliziert geschriebenen Satz zu tun bekämen, der zudem noch Worte enthielte, die seit damals teils erhebliche Bedeutungswandel erfahren hätten.

„Das war auch ein komplizierter Satz", flachst Frau Klein. „Habe ich richtig verstanden: Der Inhalt ist wichtig, der Satzbau schwierig und die Sprache veraltet?" – „Sie haben es erfasst", stellt Pastor Friedrich fest, „aber ich wüsste gern, welche Frage denn nun dran ist. Ich war doch gestern wegen einer Beerdigung nicht dabei." Sie kämen, klärt Herr Brückner auf, nun zu Frage und Antwort 21, weiter seinen sie leider noch nicht gekommen. Am Vortag habe es eine lange und heftige Diskussion darüber gegeben, ob die Rede vom stellvertretenden Sühnopfer Christi heute noch verstanden würde. „Ein theologisches Modell des späten Paulus", steigt Pastor Friedrich ein. Herr

Brückner bittet ihn, die Diskussion nicht wieder zu eröffnen, man habe schließlich einen konkreten Auftrag zu erfüllen. „Bruder Harms", wendet er sich an den Professor, „wollen Sie uns kurz einführen?"

Der will, schiebt die Lesebrille von der Stirn auf die Nase und beginnt: „In der Antwort auf Frage 20 hören wir: Nur jene Menschen werden „selig", die durch wahren Glauben Christus „eingeleibt" bzw. „seinem Leib als Glieder eingefügt werden", wie wir gestern formuliert haben. Nun folgt – natürlich - die Frage, was denn wahrer Glaube sei. Und die Antwort lautet in der Sprache von 1563: Es ist nicht allein eine gewisse Erkenntnis, dadurch ich alles für wahr halte, was uns Gott in seinem Wort hat geoffenbart, sondern auch ein herzliches Vertrauen, welches der Heilige Geist durch das Evangelium in mir wirkt, dass nicht allein andern, sondern auch mir Vergebung der Sünden, ewige Gerechtigkeit und Seligkeit von Gott geschenkt sei, aus lauter Gnaden, allein um des Verdienstes Christi willen.

„Bandwurm", murmelt Frau Treu und hält schnell die Hand vor den Mund. Als Professor Harms ihr dann zustimmt, läuft sie rot an. Harms schmunzelt und fahrt fort: „Zunächst einmal zum Sprachlichen. Die ‚gewisse Erkenntnis' bedarf gewiss der Erklärung; sie meint – mit heutigen Worten – eine sichere, eine klare Erkenntnis. Das ‚Dadurch' und das ‚hat geoffenbart' sind leicht zu ändernde grammattische Eigenarten. Bei ‚Evangelium' – hier komme ich zum Inhaltlichen - bin ich der Meinung, dass es hier nicht um die vier neutestamentlichen Bücher geht, sondern um das Eu angelion, die – wörtlich - gute Botschaft der Bibel. Dem entspricht, dass zu Beginn des Satzes von dem die Rede ist, was ‚Gott in seinem Wort geoffenbart hat.' – Frau Klein?" – „Entschuldigen Sie, dass ich unterbreche, aber ich komme gerade nicht ganz mit. Steht hier denn nicht: Ich soll für wahr halten, was in der Bibel steht?"

Frau Treu sitzt plötzlich senkrecht auf ihrem Stuhl, die Augen hinter der dicken Brille zusammengekniffen: „Sie sollen das nicht für wahr halten, Frau Klein, das ist wahr, und so steht das da auch!" – „Nicht ganz, Frau Treu", schaltet Herr Brückner sich ein, „die Väter des Katechismus sprechen tatsächlich von dem, was Gott uns in seinem Wort geoffenbart hat." Frau Treu öffnet den Mund, doch Herr Brückner fährt fort: „Es heißt eben nicht: Gewisse Erkenntnis des Wortes Gottes. Das würde zu leicht zu einem Buchstabenglauben führen, und solcher Glaube tötet, weil er tot ist." – „Dann kann man ja gar nicht an die Bibel glauben", ruft Frau Treu, worauf Professor Harms sagt: „Sollen Sie ja auch gar nicht. Aus der Bibel erfahren wir, was und wie Menschen früher geglaubt haben. Darin ist Gottes Wort an uns heute enthalten, geoffenbart, wie es hier heißt. Offenbarungen aber sind nie eindeutig, sondern bedürfen der Deutung, der Auslegung. Im Glauben geht es um die Inhalte der Worte, nicht um die Worte selbst."

„Und gerade deshalb müssen wir Prediger so sehr auf jedes Wort, auf jede Formulierung achten", ergänzt Pastor Friedrich. – „Und darum überarbeiten wir den Heidelberger", erinnert Herr Brückner an die Aufgabe, „haben Sie noch etwas für uns, Bruder Harms?" – „Ein paar Anmerkungen noch", antwortet der und blickt in seine Notizen. Da klingelt sein Handy, er überprüft die Nummer und verlässt den Raum. Die anderen nutzen die Gelegenheit, mal kurz zu verschwinden, nur Frau Klein bleibt sitzen und beginnt zu schreiben.

Nach und nach kommen die anderen zurück, Professor Harms als letzter. „Ich bin Opa geworden", verkündet er stolz, „dem Vater geht's gut, Mutter und Kind auch." Die anderen gratulieren, Frau Treu mit Tränen der Rührung in den Augen. „Bis Ihr Enkelchen lesen kann, sollten wir mit unserer Arbeit fertig sein", mahnt Herr Brückner. Alle nehmen ihre Plätze ein, und Frau Klein berichtet, dass sie die Pause für einen Entwurf genutzt habe. Sie liest vor: „Richtig glauben heißt - Doppelpunkt - Ich muss herausfinden, was Gott mir durch die Bibel sagt – Punkt. Ich kann mich darauf verlassen, dass ich und die anderen bei und trotz allem Versagen fröhlich leben und ruhig sterben können – Punkt."

„Großartig“, begeistert sich Professor Harms, während Frau Treu entsetzt den Kopf schüttelt. Herr Brückner ergreift schnell das Wort: „Eine elegante Übersetzung, die den Sinn voll erfasst. Wir sollen aber den Wortlaut des Heidelberger aktualisieren, und deshalb näher dran bleiben.“ Pastor Friedrich bittet um den Text, er will ihn im Konfirmandenunterricht einsetzen. „Ich schreib das noch mal sauber ab“, erklärt Frau Klein freudig.

Pastor Friedrich schlägt vor, dass doch jeder in der Runde – „Jede auch?“ wirft Frau Treu spitz ein – dass doch alle in der Runde mal einen Entwurf schreiben könnten. Das würde die Sache vermutlich beschleunigen. „Wenn Sie bitte vorher noch meine restlichen Anmerkungen hören wollen“, wirft Professor Harms leicht pikiert ein, „ich vermute, Sie können sich diese Beschäftigungstherapie dann sparen.“

Pastor Friedrich entschuldigt sich für seinen Vorschlag, Herr Brückner bittet den Professor, mit seinen Ausführungen fortzufahren. „Die ‚gewisse Erkenntnis'“, hebt Professor Harms an, „das genaue Verstehen der Inhalte des Wortes Gottes also, bildet die Voraussetzung, die Basis für das ‚herzliche Vertrauen'. Dies aber kann ich mir – im Unterschied zur Erkenntnis – nicht selbst erarbeiten, sagt der Heidelberger, dies Vertrauen bewirkt vielmehr der Geist Gottes. Es besteht darin, dass ich die aus Gnade geschenkte Vergebung der Sünden etc. für mich annehme und wegen meiner menschlichen Fehlbarkeit weder mir Vorwürfe machen noch Ängste entwickeln muss. Habe ich dies nicht nur kapiert, sondern auch akzeptiert, kann ich, wie Frau Klein formuliert hat, fröhlich leben und ruhig sterben. - Ich denke, wir können die ganze Tiefe dieser Antwort durch Neuformulierung nicht ausdrücken oder auslegen; das zu tun, ist pastorale Aufgabe. Wir sollten deshalb gerade mit dieser Antwort behutsam umgehen. Ich schlage also folgenden Wortlaut vor:“

Professor Harms nimmt einige Blätter aus seinem Ordner und verteilt sie, dann liest er vor: „Wahrer Glaube ist nicht allein eine sichere Erkenntnis, durch die ich alles für wahr halte, was Gott uns in seinem Wort anbietet, sondern auch ein tiefes Vertrauen, das der heilige Geist durch die Botschaft des Evangeliums in mir bewirkt, dass nämlich nicht nur anderen, sondern auch mir die Sünden vergeben, ewige Gerechtigkeit und Seligkeit von Gott geschenkt sind – aus reiner Gnade und allein um des Verdienstes Christi willen."

Er habe, fügt der Professor an, zwischen den Zeilen Platz für Anmerkungen gelassen, und um die bäte er nun. Frau Treu ist schon eifrig dabei zu streichen und zu schreiben, eine ältere Katechismusausgabe neben sich; die anderen gehen bedächtiger zu Werke. Pastor Friedrich möchte lieber von ‚zuverlässiger Erkenntnis' sprechen, auch liegt ihm am ‚geoffenbart' und am ‚herzlichen Vertrauen', Frau Klein freut sich, dass das altertümliche und schwerfällige ‚welches' durch ein ‚das' ersetzt ist und aus ‚lauter' ein ‚rein' geworden ist. Aller Augen und Ohren warten jetzt auf Frau Treu, die immer noch streicht und schreibt. Man solle, sagt sie schließlich, das Bekenntnis nicht durch sprachlich Modernismen verwässern, sondern den guten alten Klang möglichst beibehalten. Wenn ein Wort heute eine andere Bedeutung als damals habe, müsse man es wohl austauschen, alles andere aber müsse bleiben, wie es damals formuliert wurde.

Als nach diesen Ausführungen alle schweigen, fragt Herr Brückner sie nach ihrem Vorschlag und hört, dass sie nur das ‚gewisse' durch ‚mit Gewissheit verbundene' ersetzt und alles andere unverändert haben möchte, auch das ‚welches.'

Herr Brückner bittet den Professor um eine weitere Kopie, nimmt seine Notizen und murmelt vor sich hin, während er schreibt. „So", sagt er nach kurzer Zeit, „jetzt gibt es einen Kompromissvorschlag, dem hoffentlich alle zustimmen können: „Wahrer Glaube ist nicht allein eine zuverlässige Erkenntnis, durch welche ich alles für wahr halte, was Gott uns in seinem Wort geoffenbart hat, sondern auch ein herzliches Vertrauen, welches der heilige Geist durchs Evangelium in mir wirkt, dass nicht allein anderen, sondern auch mir

Vergebung der Sünden, ewige Gerechtigkeit und Seligkeit von Gott geschenkt ist – aus lauter Gnade und allein um des Verdienstes Christi willen." Darin, ergänzt er, seien auch seine Wünsche eingeflossen. Alle nicken, mehr oder weniger zustimmend. Dann schlägt Herr Brückner eine kurze Pause vor. Im Hinausgehen – Frau Treu geht vor ihm - sagt Professor Harms ziemlich laut zu Frau Klein: „Ihr Vorschlag gefällt mir noch besser als mein eigener, aber man muss ja auf die Rücksicht nehmen, die am Alten hängen. Ein Akt der Barmherzigkeit sozusagen." Frau Klein muss kichern. Amen

Predigt 4

Die ‚Kommission zur sprachlichen Überarbeitung des Heidelberger Katechismus' verbringt wieder ein Wochenende in der Tagungsstätte, einem ehemaligen Kloster. Sie kommen gut voran, Frau Treu hat wegen einer Grippe absagen müssen. Sie einigen sich, schon nach dem Mittagessen aufzuhören, nicht erst nach dem Kaffee.

Frau Klein will die gewonnene Zeit nutzen, sich endlich einmal die gotische Klosterkirche anzusehen. Bisher kennt sie nicht viel mehr als ihr Zimmer, den Konferenzraum und den Speisesaal. In der Kirche war sie zwar zu Gottesdiensten, möchte aber die alten Kunstwerke einmal in Ruhe und aus der Nähe betrachten. Ob sie es als aufdringlich empfände, wenn er sich anschlösse, fragt Professor Harms, seine Frau sei zum Sohn gefahren, das Enkelkind zu begutachten, auf ihn warte also niemand. „Wenn Sie mich nachher im Auto mitnehmen?" nutzt Frau Klein die Gelegenheit; der Professor verspricht es.

Herr Brückner und Pastor Friedrich verabschieden sich, Professor Harms braucht erst einmal eine Pfeife. Die Sonne scheint, im Innenhof blühen Schneeglöckchen und Krokus, und die beiden setzen sich auf eine Bank. Zur Verwunderung des Professors steckt Frau Klein sich eine Zigarette an. Rings an den Wänden stehen alte Grabplatten; die ganze vorreformatorische Kirchengeschichte der Gegend liegt im Kloster begraben. „Frage 42", sagt Frau

Klein, und der Professor sieht sich stutzig an. „Warum müssen wir noch sterben, obwohl doch Christus für uns gestorben ist“, hilft sie ihm auf die Sprünge. „Typische Konfirmandenfrage“, stellt Professor Harms fest und erzählt, dass er als Konfirmand einmal seinen Pastor gefragt habe, ob denn bei der Sintflut auch die Fische ertrunken seinen. Als Antwort habe es eine schallende Ohrfeige gegeben.

„Die Frage 42“, doziert er nun, „nimmt ein mögliches sprachliches Missverständnis auf, das das ‚für uns gestorben' im Sinne von „an unserer Stelle“ deutet. Gemeint ist aber ‚zu unseren Gunsten', und das macht die Antwort 42 deutlich. Um den biologischen Tod kommt keiner herum. Es wäre übrigens theologisch korrekter, vom ‚sterben werden' zu sprechen statt vom ‚sterben müssen;' ‚müssen' ist negativ, ‚werden' neutral.“ – „Manche sind sogar froh, wenn sie endlich sterben dürfen“, wirft Frau Klein ein. Beide verfallen ins Schweigen; Professor Harms denkt an seinen alten Vater, der seit Jahren bettlägrig ist und nicht sterben kann, Frau Klein an die Insassen von Foltergefängnissen.

„An der Antwort gefällt mit zweierlei“, nimmt der Professor seinen Faden wieder auf, „zum einen, dass der Tod hier nicht als Strafe gesehen wird. Das kann die Angst vor dem Sterben nehmen, wenigstens mindern. Oder, positiv formuliert und mit Ihren Worten, Frau Klein: Das lässt uns fröhlich leben und ruhig sterben. Zum andern – und das geht in die gleiche Richtung – dass mit dem Tod die ‚Sünde abstirbt', wie es heißt, wir nach dem Tod also ohne Sünde sind und weder Fegefeuer noch Hölle zu fürchten oder zu erwarten haben.“

Der Professor klopft seine Pfeife aus und schlägt vor, nun die Klosterkirche zu besichtigen. Obwohl die Anlage seit der Reformation der reformierten Gemeinde am Ort gehört, sind viele Kunstwerke erhalten. Gleich rechts vom Eingang beginnt ein Kreuzweg. 14 Stationen zeigen den Leidensweg Jesu von der Verurteilung bis zur Grablegung, erzählt der Professor, und hätten den Sinn, dem Betrachter vor Augen zu führen, was er als Sünder eigentlich verdient hätte und welche Qualen den erwarteten, der gegen die Regeln Roms verstieß. „Aber damit macht man den Menschen doch Angst!“ wendet Frau Klein ein und bekommt zur Antwort: „Das war gewollt. Menschen mit schlechtem Gewissen und Angst vor Strafe sind leicht beherrschbar. Bezahlen auch gern größere Summen, um sich freizukaufen. Sehen Sie mal hier“ – der Professor zeigt auf die Szene mit der Auspeitschung – „die brutalen Gesichter der Knechte, das schmerzverzerrte Gesicht Jesu. Als hätte der Bildhauer sadistische Freude an der Darstellung von Gewalt gehabt.“ – „Betrachter brauchen die wohl auch für solche Szenen“, wirft Frau Klein ein, „oder eine selbstquälerische Neigung. Manche Christen, scheint mir, gefallen sich in der Rolle des armen Sünders, der armen Sünderin.“ – „Ja“, stimmt Professor Harms zu, „und werden dabei zu Pharisäern.“ Frau Klein muss lachen, denn ihr fallen dazu sofort einige Leute ein.

„Da vorn, wo jetzt der Abendmahlstisch steht“, erklärt der Professor weiter, „stand früher ein Altar mit riesigem Kruzifix; steht jetzt im Heimatmuseum. Der Künstler hat viel Phantasie entwickelt, alle Verletzungen drastisch darzustellen. Zum Glauben an Gottes Güte lädt das nicht ein.“

Darauf weiß Frau Klein nichts zu sagen, fragt stattdessen, ob der Professor erklären könne, wieso man in der Gotik die früheren Triumphkreuze mit Christus als Sieger durch den leidenden Schmerzensmann abgelöst habe. Der Professor hat keine Erklärung und vertuscht das mit der Bemerkung, dass die Brutalisierung der Bilder ja bis heute noch anhalte. „Da lob ich mir doch unsere bilderlosen Kirchen mit Abendmahlstisch und einer Bibel darauf“, stellt Frau Klein fest, „ein Buch, Brot und Wein – das sind Symbole, die jeder versteht. Was aber nützt es einem Menschen, solch eine Holzfigur zu begucken!“ - „Nun“, meint Professor Harms, „immerhin können sie auf den Gedanken kommen, sich selbst aufzuopfern und sich so ein paar Edelsteine für ihre himmlische Krone zu verdienen. Eine Nonne sagte mir das mal, als ich im Krankenhaus lag. Das nebenbei. Wenn wir die Grausamkeit einer Kreuzigung auch nicht darstellen, hat der Tod Jesu, wie vor allem Paulus ihn deutet, im Heidelberger eine große Bedeutung."

„Das Thema unseres Wochenendes, klar", bestätigt Frau Klein, „Frage 43 geht mir noch nach: ‚Durch die Kraft Christi wird unser alter Mensch mit ihm gekreuzigt, getötet und begraben, damit die Sünde uns nicht mehr beherrscht, sondern wir uns ihm zu einem lebendigen Opfer hingeben'. Das meint doch wohl, dass wir nicht als ‚arme, elende, sündige Menschen', wie Luther sagt, vor Tod und Teufel Angst haben müssen, sondern..." – „Fröhlich leben und ruhig sterben können", vollendet Professor Harms den Satz. „Ja", reagiert Frau Klein, „und dafür Dankbarkeit zeigen, uns für die Gemeinde und für andere Menschen engagieren." – „Aber nicht aufopfern; denn wer sich kaputt macht, kann keinem mehr nützen", führt der Professor den Gedanken weiter, „traditionell heißt das: Gute Werke tun, aber eben nicht, um uns damit irgendwelche himmlischen Edelsteine zu verdienen. Sie helfen nichts, da ist Luther zuzustimmen. Sie sind aber nötig – als Dank, zur Selbstvergewisserung und für die Mitgliederwerbung." – „Frage 86", fällt Frau Klein ein, „aber die hatten wir noch nicht. Ich staune immer wieder, wie gründlich durchdacht der Heidelberger ist." – „Und dennoch ist er nichts anderes als eine Auslegung dessen, was in Frage eins zusammengefasst ist. Sagen Sie, Frau Klein, wollen wir hier noch Kaffee trinken oder irgendwo unterwegs richtigen Tee?" – „Ich hol nur schnell meine Tasche", sagt Frau Klein und ist schon aus der Kirche, als der Professor ruft: „Und ich mein Auto."

Auf der Rückfahrt erinnert Frau Klein den Professor an seinen Hinweis, es gebe im Neuen Testament auch andere Deutungen des Todes Jesu als den des Sühnopfers für die Sünden der Welt. Darüber sei ja in der vorigen Sitzung heftig gestritten worden, sie habe aber nicht alles verstanden. Nun möchte sie von ihm wissen, warum denn gerade diese eine Deutung sich durchgesetzt habe. „Ich bin Germanist und Ältester", antwortet der Gefragte,

„in der Theologiegeschichte kenne ich mich kaum aus. Aber Sie studieren ja bald, und dann können Sie mir Nachhilfeunterricht in Theologiegeschichte geben.“ Amen

Predigt 5

Frage 60: Wie bist du gerecht vor Gott?

„Allein durch wahren Glauben an Jesus Christus also: dass, ob mich schon mein Gewissen anklagt, dass ich wider alle Gebote Gottes schwerlich gesündigt und derselben keines nie gehalten habe, auch noch immerdar zu allem Bösen geneigt bin, doch Gott, ohne all mein Verdienst aus lauter Gnaden, mir die vollkommene Genugtuung, Gerechtigkeit und Heiligkeit Christi schenkt und zurechnet, als hätte ich nie eine Sünde begangen noch gehabt und selbst all den Gehorsam vollbracht, den Christus für mich hat geleistet, wenn ich allein solche Wohltat mit gläubigem Herzen annehme.“

Was Sie soeben gehört haben, ist der Wortlaut von Frage und Antwort 60 aus dem Jahr 1563. Vermutlich war der Text damals genau so schwer verständlich wie heute, besonders für Jugendliche. Für die aber war der Katechismus gedacht. Sie werden den Text – genau wie spätere Konfirmandenjahrgänge – zwar auswendig gelernt, nicht aber verstanden haben. Denn in den Antworten stecken geballte Ladungen Theologie. Theologie, die auf die Fragen von vor 450 Jahren Antwort gibt, und das waren damals andere Fragen als unsere heute.

Die kleine Kommission, die den Heidelberger sprachlich überarbeitet, hat sich auf Vorschlag ihres Vorsitzenden Brückner zunächst daran gemacht, Frage und Antwort 60 sprachlich zu vereinfachen.

Die Frage ist unverändert. Sie fragt nicht: Wie wirst du gerecht vor Gott. Sie fragt: Wie bist du es, sie stellt das Gerechtsein fest. In der Antwort sind aus einem Satz vier geworden, der wichtigste steht vorn: Allein durch wahren Glauben an Jesus Christus. Dann folgen ein menschliches „Zwar“ und ein göttliches „Aber“, danach das Ergebnis dieses „Aber“ für den Menschen und dessen Reaktion darauf. Der Aufbau des ganzen Katechismus spiegelt sich in dieser einen Antwort wieder: Von des Menschen Elend – von der Erlösung – von der Dankbarkeit.

Nach dem Mittagessen wendet Frau Treu sich an Pastor Friedrich, ob sie ihn etwas fragen dürfe. Pastor Friedrich schlägt vor, das sonnige Frühlingswetter für einen Spaziergang zu nutzen. Herr Brückner möchte sich anschließen, und Pastor Friedrich stimmt – etwas erleichtert – eilig zu. Da kann auch Frau Treu nicht „nein“ sagen.

Worum es ihr denn ginge, will Pastor Friedrich wissen. Frau Treu überlegt einen Augenblick. Dass sie am liebsten nicht mehr in der Kommission mitarbeiten möchte, verschweigt sie. Sie habe den Eindruck, sagt sie stattdessen, viele Menschen sähen sich heute nicht als Sünder und Sünderinnen. Selbst in Predigten käme das Thema kaum noch vor. Nur letztens, da habe ein junger Vikar gegen ein pharisäisches Sündersein gepredigt. „Was hat der denn damit gemeint?“ fragt Pastor Friedrich, und Frau Treu antwortet: „Dass es Christen gibt, die ihr Sündersein so zur Schau stellen, dass sie wie Pharisäer wirken’ – hat er gesagt, wörtlich.“ – „Wenn ich an meine Gemeinde denke“, reagiert Pastor Friedrich, „fallen mir gleich ein paar Namen ein.“ – „Da hat der junge Bruder wohl etwas scharf formuliert“, sagt Herr Brückner schnell, und fährt fort: „Dass bei uns Reformierten das Sündersein keine so große Rolle spielt wie etwa in der katholischen Kirche oder bei Lutheranern, ist ein Ergebnis des Heidelberger. Der betont schon in Frage und Antwort Eins, dass wir erlöst sind. Und er betont das durchgängig immer wieder, z. B. in Frage 60. Hier finden Sie Luthers „Allein aus Gnade“ und sein „Allein aus Glauben“ miteinander verbunden. Der Heidelberger sieht, genau wie Calvin, den Menschen nicht als Sünder, sondern als erlösten Sünder. Das ist ein krasser Gegensatz zum damaligen Katholizismus und auch ein Widerspruch zu Luthers halbherzigem „Sowohl Sünder als auch Gerechter.“

„Luther steckt wohl doch tief in mir“, gesteht Frau Treu; sie sei in einer lutherischen Gemeinde aufgewachsen, und dort habe das Sündenbekenntnis nicht nur zur Liturgie gehört, sondern auch zum guten Ton in allen Gruppen und Kreisen. Bei jeder Gelegenheit habe man einander bekannt, ein wie schlechter Mensch man doch sei.

„Wer sich selbst erniedrigt, will erhöht werden“, zitiert Pastor Friedrich nicht ganz korrekt, aber gewollt. Herr Brückner erkundigt sich, wie sie denn zur reformierten Gemeinde gekommen sei. Sie sei berufsbedingt umgezogen, erzählt Frau Treu, und am ersten Sonntag in der neuen Stadt in die nächstgelegene evangelische Kirche gegangen. Dort habe sie offene, freundliche Menschen getroffen, und so sei sie vor gut 30 Jahren dort gewissermaßen hängen geblieben. Die Atmosphäre sei viel entspannter gewesen als sie es gewohnt war, und der schlichte Raum habe ihr wohlgetan. „Sehen Sie“, antwortet Pastor Friedrich, „Erlöstsein macht frei. Bei uns wird keiner in die Knie gezwungen, und respektvoll-ängstliches Flüstern ist auch nicht nötig.“ Ob er da denn einen Zusammenhang sähe, fragt Herr Brückner ihn, er habe noch nie darüber nachgedacht.

„500 Jahre Calvin und 450 Jahre Heidelberger Katechismus bleiben doch nicht ohne Wirkung auf das Alltagsverhalten der Menschen“, stellt Pastor Friedrich fest, „und wenn die Leute die Theologie auch nicht unbedingt bis ins Kleinste verstehen: in unseren Gottesdiensten, in den Gemeindeversammlungen können sie sie spüren. Daran, wie die Menschen sich untereinander verhalten und ihren Pastoren gegenüber. Ein „Oben-und-unten“ hat da keinen Platz, denn als gleichermaßen Erlöste können wir einander auf Augenhöhe begegnen.“

„Eine interessante Theorie“, stellt Herr Brückner fest, „vielleicht einmal ein Thema für eine Doktorarbeit. Etwa so: ‚Die Auswirkungen des Heidelberger Katechismus auf das Alltagsverhalten von Menschen. Eine wirkungsgeschichtliche Untersuchung zur Säkularisierung einer Theologie.' Vielleicht können wir ja Frau Klein dafür interessieren ..."

„Wofür soll ich mich interessieren?" erklingt hinter ihnen Frau Kleins Stimme. Sie hat auf dem Spielplatz des Tagungshauses geschaukelt und will nun ins Haus zurück. Herr Brückner wiederholt das Thema, Frau Klein meint, er solle sie erst einmal studieren lassen, bevor er mit derlei Vorschlägen käme. „Oder ist das Thema ernst gemeint", fragt sie.

Nicht ganz, gestand Herr Brückner, sie hätten gerade darüber gesprochen, wie sich im Zwischenmenschlichen auswirken könne, vor Gott gerecht zu sein. „Nicht nur im Zwischenmenschlichen", korrigierte Frau Treu, „auch im Gegenüber zu Gott. Denn wer die Erlösung angenommen hat, sie also glaubt, der braucht vor Gott keine Angst zu haben, und auch nicht vor Tod und Teufel."

„Hätten Sie das am Beginn unsers Spaziergangs auch so sagen können?" fragt Pastor Friedrich leicht schmunzelnd, um seiner Frage die Spitze zu nehmen. Frau Treu hat sie gleichwohl bemerkt und antwortet nicht. Stattdessen erzählt Herr Brückner, dass er sich seit seinem ersten Semester mit dem Heidelberger beschäftige und immer wieder Neues, auch Aufregendes entdecke. Jeden Morgen lese er eine Frage mit Antwort, seit über zwanzig Jahren schon. Gerade in schweren Zeiten sei der Heidelberger ihm eine echte Lebenshilfe gewesen und werde es bleiben. Besonders Frage und Antwort 60 hätten ihm geholfen, als er einmal schwere Schuld auf sich geladen habe; sie hätten ihn davor bewahrt, Schluss zu machen.

Von den drei anderen weiß niemand etwas darauf zu sagen, schweigend gehen sie weiter. Auf einer Bank neben der Eingangstür sitzt Professor Harms und qualmt seine Pfeife. „Ich hab geschlafen, und Sie haben sich müde gelaufen", begrüßt er die Ankommenden, „aber arbeiten müssen wir gleich wieder alle." „Keine Bange", beruhigt Pastor Friedrich, „wir sind ein gutes Stück vorangekommen – was sagen Sie, Frau Treu?“ Die meint das auch. „Wir hatten Frage und Antwort 60 auf unserem Spaziergang“, erläutert Herr Brückner, „wir können nach dem Kaffee wohl gleich mit 61 weitermachen.“ – „Wie“, wundert sich der Professor, „wollen Sie mir etwa ihre theologischen Haarspaltereien vorenthalten?“ – „Keine Sorge“, flachst Pastor Friedrich, „davor sind Sie bei uns nie sicher!“ Alle lachen, auch Herr Brückner, und dieses Lachen löst ihn aus seinen Erinnerungen. Amen

Predigt 6

Für den Sonntag Jubilate - nach evangelischer Zählung ist das der dritte Sonntag nach Ostern – sind Frage und Antwort 90 vorgesehen „Was heißt Auferstehung des neuen Menschen?

Herzliche Freude in Gott durch Christus haben und Lust und Liebe, nach dem Willen Gottes in allen guten Werken zu leben.“

Pastor Friedrich hat diese Neuformulierung vorgeschlagen, und die übrigen Mitglieder der Überarbeitungskommission haben sie durch „schweigende Zustimmung“ akzeptiert. Denn sie gleicht weitgehend der Formulierung von 1564. Die „schweigende Zustimmung“ hat Frau Treu ins Spiel gebracht. Sie hat diese Form der Meinungsäußerung in reformierten Kirchen- und Gemeindeordnungen aus der Reformationszeit entdeckt und findet sie sehr praktisch. Kann sie doch helfen, Zeit zu sparen: Wer schweigt, stimmt zu, und wer nicht zustimmt, soll gefälligst den Mund aufmachen. Nun will die Kommission diese Form der Abstimmung in ihren Sitzungen auf Brauchbarkeit überprüfen.

Herr Brückner will gerade die Frage 91 zur Überarbeitung aufrufen, als der Gong zum Abendessen ertönt. „Müssen wir heute Abend noch unbedingt weitermachen?“ fragt Professor Harms und bietet an, Fotos von seiner Kreuzfahrt zu Stätten der frühen Christenheit zu zeigen. Keiner sagt etwas, der Professor ist etwas irritiert, dann lacht er los. „Schweigende Zustimmung“, stellt er fest, „einstimmig. Also gut. Dann um halb acht im Klosterkeller. Vielleicht haben auch andere Gäste des Hauses Interesse. Ich gebe das gleich beim Essen bekannt.“

Während Professor Harms noch Laptop und Beamer aufbaut, kommen nach und nach etwa zwei Dutzend Menschen in den Keller, versorgen sich mit Bier oder Wein, manche auch mit irgendwelchen Säften, dann zeigt der Professor seine Bilder. Thessaloniki, Philippi, Athen, Korinth, dann geht es hinüber in die Türkei: Troas, Pergamus, Smyrna, Ephesus. Diese fast vollständig erhaltene Stadt hat es ihm besonders angetan; die Menge der Fotos zeigt das.

„Wir kommen jetzt zur Johannesbasilika“, erklärt Professor Harms, „und da habe ich die Auferstehung des neuen Menschen begriffen.“ Er zeigt zunächst ein Bild von den Resten der Basilika und dann eine Art Brunnen. Zwei mal eineinhalb Meter vielleicht, und höchstens zwei Meter tief, an den Schmalseiten je eine Treppe. Im Hintergrund ist der Eingang zur Basilika zu erkennen. „Dies hier“, erklärt der Professor, „ist das Taufbecken. Es liegt außerhalb, denn nur Getaufte durften damals am Gottesdienst teilnehmen. Wenn jemand den Taufunterricht absolviert hatte, wurde er von zwei Ältesten an die vordere Treppe geleitet. Hier legte er seine Kleider ab, stieg ins Wasser und legte sein Bekenntnis zu Christus als seinem alleinigen Herrn ab – ein klarer Affront gegen weltliche Herrscher. Ein Ältester, der im Becken stand, tauchte den Täufling dann drei Mal unter und führte ihn über die hintere Treppe wieder ins Trockene. Nun bekam der Täufling neue Kleider und wurde feierlich in die Kirche geführt. Denn er hatte – symbolisch mit seinen Kleidern – den alten Menschen, den Heiden, abgelegt, ihn im Wasser sterben lassen und sich von ihm gereinigt. Dann war er als neuer Mensch, als Christ auferstanden. Um es mit dem Apostel Paulus zu sagen: Der Täufling hatte – symbolisch mit der neuen Kleidung – einen neuen Menschen angezogen. Das allerdings hatte nun erhebliche Konsequenzen für seine Lebensführung.

Mit der Zeit", redet der Professor weiter, „ist die Auferstehung des neuen Menschen immer enger mit der Auferstehung der Toten verknüpft worden. Die Taufe hat dadurch ihre Bedeutung für die alltägliche Lebensgestaltung zunehmend verloren, und die Erfindung der Säuglingstaufe hat das noch verstärkt. Außerdem hat man den Menschen zum Dauersünder erklärt, der auf die Gnadenmittel der allein seligmachenden römischen Kirche angewiesen sei. Das gemeine Volk hat daraus die falsche Konsequenz gezogen, munter drauf los sündigen und sich mit Ablassbriefen, Pilgerreisen usw. in den Himmel einkaufen zu können. Es ist das Verdienst der Reformatoren und besonders Calvins, die Auferstehung des neuen Menschen wieder ins Alltagsleben zurückgeholt zu haben. Der Heidelberger bringt das auf den Punkt: „Herzliche Freude in Gott durch Christus haben und Lust und Liebe, nach dem Willen Gottes in allen guten Werken zu leben."

„Darf ich Sie mal unterbrechen?" fragt jemand aus dem Publikum. Er trägt einen schwarzen Anzug, dazu ein schwarzes Stehkragenhemd mit weißem Einsatz im Kragen. „Tipp-ex-Kragen", nennt Professor Harms das und stellt sich auf einen Disput mit einem katholischen Priester ein. „Ja, bitte, fragen Sie nur!" sagt er und krempelt in Gedanken die Ärmel auf. Der Schwarzkittel steht auf, räuspert sich und beginnt: „Martin Luther hat erkannt, dass wir allein aus Gnaden selig werden und dass gute Werke, wie er selber in einem Choral gedichtet hat, nichts gelten. Was Sie aus diesem Katechismus – wie heißt er noch?" – „Heidelberger", hilft der Professor nach und grinst - „Was Sie aus diesem Heidelberger Katechismus zitiert haben, widerspricht lutherischem Bekenntnis" – „Überhaupt nicht", kontert Professor Harms, „in puncto ‚sola gratia' stimmen Lutheraner und Reformierte überein. Es gibt nur einen Unterschied: Nach Luther werden wir allein aus Gnaden selig, und nach Calvin sind wir bereits allein aus Gnaden selig geworden. Was ich gerade zitiert habe, ist die Antwort auf die Frage 90, und die steht im dritten Teil unseres Heidelberger Katechismus: Von der Dankbarkeit. Die Fragen 86 bis 91 leiten die Erklärung der zehn Gebote ein. Nach ihnen zu leben, wenigstens leben zu wollen, ist nach dem Heidelberger ein Zeichen der Dankbarkeit, der Dankbarkeit für die allein aus Gottes Gnade durch Christus geschehene Erlösung. Sehen Sie, wir Reformierte verstehen uns nicht als Sünder, auch nicht als sowohl Erlöste als auch Sünder, wie Ihr Herr Luther sich nicht festgelegt hat. Wir Reformierte verstehen uns - nach biblischem Zeugnis - als erlöste Sünder. Als solche sollen und können wir dankbar sein, und dieser Dank drückt sich in sogenannten ‚guten Werken' aus. Gute Werke sind also keine Investitionen, für die wir Menschen einen Profit erwarten könnten, sondern quasi der Profit, den Gott aus seiner Investition gewinnt. Anders gesagt: Der auferstandene neue Mensch ist an guten Werken zu erkennen." – „Aber-" hakt der Lutheraner nach, und „aber" ruft Frau Klein. Der Lutheraner lässt ihr das Wort, und Frau Klein mahnt: „Wollen wir nicht erst die Bilder zu Ende sehen, und Sie setzen Ihren Disput nachher fort?" Das Publikum applaudiert, der Lutheraner murmelt ein „'tschuldigung", der Professor ist einverstanden und zeigt das nächste Bild. Amen

Predigt 7

Liebe Geschwister!

So beginnt ein Brief, den die Mitglieder der Überarbeitungskommission in der Woche nach Pfingsten von Pastor Friedrich erhalten. Weil beim nächsten Treffen das schwierige Thema „Heiliger Geist" anstehe, schreibt er, wolle er vorab ein paar Hintergrundinformationen liefern. Das könne, so hoffe er, die Arbeit beschleunigen. Dann ist zu lesen:

„Zum dritten Artikel des sogenannten „apostolischen Glaubensbekenntnisses", wie wir es bei Taufe und Konfirmation bekennen, stellt der HK zunächst fest, dass der heilige Geist 1. gleichermaßen von Gott, dem Vater, und von Gott, dem Sohn ausgeht. Das ist bis heute ein Streitpunkt zwischen östlichen und westlichen Kirchen. „...und dem Sohn", lateinisch „filioque" ist das Reizwort, das die Westkirche im 6. Jahrhundert in das Glaubensbekenntnis von Nizäa-Konstantinopel eingefügt hat. Das aber muss uns nicht weiter interessieren. Der HK stellt dann fest, dass der heilige Geist 2. „auch mir gegeben ist, mir Anteil an Christus und all seinen Wohltaten gibt, mich tröstet und in Ewigkeit bei mir bleibt." Das Wort ‚trösten' meint – wir haben darüber gesprochen – im ursprünglichen Sinn „ermutigen, zuversichtlich machen."

Diese Zuversicht strahlt auch der bekannte Satz der nächsten Antwort aus, dass Christus durch den heiligen Geist und sein Wort „aus dem ganzen Menschengeschlecht eine auserwählte Gemeinde in Einigkeit des wahren Glaubens ... versammelt, schützt und erhält." Zur Selbstvergewisserung und als Selbstverpflichtung ist hier angefügt, dass „auch ich ein lebendiges Glied dieser Gemeinde bin und ewig bleiben werde."

Calvin, dass sei hier angemerkt, meint mit dem „wahren Glauben" ein Christentum, das von allem bereinigt ist, was keinen biblischen Ursprung hat, das also ‚nach Gottes Wort reformiert' ist. Der HK übernimmt dieses Verständnis, das man aus der Abgrenzung zu anderen Formen des Christentums damaliger Zeit verstehen wird.

Doch der Heidelberger wäre nicht der Heidelberger, wenn er in dogmatischen Lehrsätzen stecken bliebe. Dogmatik ohne Ethik ist wie dürres Gras, erst die Anwendung auf den Alltag lässt es sprießen. Das geschieht mit Frage und Antwort 55. In der Fassung von 1563 lauten sie: „Was verstehst du unter der Gemeinschaft der Heiligen? Erstlich, dass alle und jede Gläubigen als Glieder an dem Herrn Christo und allen seinen Schätzen und Gaben Gemeinschaft haben. Zum andern, dass ein jeder seine Gaben zu Nutz und Heil der andern Glieder willig und mit Freuden anzulegen, sich schuldig wissen soll."

Der Verbindung von Dogmatik und Ethik entspricht, dass Frage und Antwort 55 dem Sonntag nach Pfingsten mit dem lateinischen Namen „Trinitatis" zugeordnet sind. Die Lateiner unter Ihnen wissen: Das ist der Genitiv von trinitas, Dreiheit, womit Vater, Sohn und Geist zusammengefasst sind. Über das Binnenverhältnis dieser Dreiheit lässt sich trefflich spekulieren, aber eben nur spekulieren. Der HK verzichtet auf solche Spekulation und rückt die Gemeinschaft ins Zentrum des Sonntags: Alle Glaubenden haben als Glieder Gemeinschaft an Christus. Nota bene: Gemeinschaft an Christus, nicht nur mit ihm. Glaubende sind also Teile Christi. Paulus verwendet hierfür das Bild von den Gliedern eines Leibes, der HK verweist darauf.

Und: Die Glieder haben – nach dem Heidelberger - Teil an den „Schätzen und Gaben" Christi. Sie sind ihm, so heißt es, „eingeleibt". Wir dürfen also ergänzen: Wir sind Teil der Schätze und Gaben Christi. Als Glieder seines Leibes führen wir seinen Willen aus. Vielleicht kennen Sie das Gedicht, das in den 70er Jahren sehr verbreitet war:

„Christus hat keine Hände, nur unsere Hände, um seine Arbeit heute zu tun.
Er hat keine Füße, nur unsere Füße, um Menschen auf den Weg zu führen.
Er hat keine Lippen, nur unsere Lippen, um Menschen von ihm zu erzählen.
Er hat keine Hilfe, nur unsere Hilfe, um Menschen auf seine Seite zu bringen.
Wir sind die einzige Bibel, die die Öffentlichkeit noch liest.
Wir sind Gottes letzte Botschaft, in Taten und Worten geschrieben.
Und wenn die Schrift gefälscht ist, nicht gelesen werden kann?
Wenn unsere Hände mit anderen Dingen beschäftigt sind als mit den seinen?
Wenn unsere Lippen sprechen, was er verwerfen würde?
Erwarten wir, ihm dienen zu können, ohne ihm nachzufolgen?"

Damit ist eigentlich gesagt, was im zweiten Teil der Antwort auf Frage 55 steht: Dass jeder seine und jede ihre Gaben „willig und mit Freuden zum Wohl und Heil der anderen gebrauchen soll."

Nun sehen Sie sich einmal in Ihrer Gemeinde um, unter den aktiven und unter den inaktiven Gemeindegliedern: Welche Vielfalt an Begabungen, welche Breite an Bildung und Ausbildung! Und dann sehen Sie noch einmal hin: Wie viel davon kommt Ihrer Gemeinde und deren Mitglieder zu Gute? Wie steht es mit den Werken der Barmherzigkeit, mit der Armenfürsorge, dem „Wohl", mit der Diakonie also, und wie mit der Begleitung Gefangener, Kranker, Einsamer, dem „Heil" also, der Seelsorge? Die wenigen Ehrenamtlichen können nicht alles machen – aber was wird unternommen, um weitere Gemeindeglieder zum Mitmachen zu gewinnen? Und eine nächste Frage: Wie wird mit Menschen, die sich engagieren oder engagieren wollen, umgegangen? Wird ihre Arbeit hinreichend gewürdigt oder als selbstverständlich hingenommen, werden sie vorbereitet und begleitet? Jeder Verein zeichnet seine Ehrenamtlichen aus – bei uns bekommen sie oft nicht einmal ein Dankeschön. Es kommt sogar vor, dass sie ausgebootet werden, weil man ihre Einsatzbereitschaft fürchtet ...

Um mich um Gerechtigkeit zu bemühen, muss ich auch die andere Seite der Medaille nennen: Manche Gemeindeglieder setzen sich in den Gottesdienst wie vor den Fernseher. Sie wollen etwas für sich haben, eine besinnliche Stunde vielleicht, und das war's dann. Solche Zeiten der Besinnung brauchen wir alle, um daraus Kraft für unser Tun in Gemeinde und Gesellschaft zu schöpfen - und nicht als Selbstzweck. Unsere Gottesdienste sind keine Events, und wir Pastoren keine Entertainer, womöglich noch in bunten Kostümen. Unsere Gottesdienste sollen uns vergewissern, dass wir auf gutem Weg sind, sollen uns zurückholen, wenn wir vom Weg abgekommen sind, und sie sollen uns stärken, auf dem guten Weg voranzukommen.

Sagt jemand zum Thema Mitarbeit: „Ich kann ja nichts!", so erinnern Sie ihn an die Antwort auf Frage 55 unseres Katechismus: „Alle Glaubenden haben als Glieder Gemeinschaft an dem Herrn Christus und an all seinen Schätzen und Gaben. Darum soll auch jeder seine Gaben willig und mit Freuden zum Wohl und Heil der anderen gebrauchen." Diese Erinnerung haben alle immer wieder nötig. Denn jede und jeder kann etwas „zum Wohl und Heil der andren" beisteuern: den kranken Nachbarn besuchen oder die Kinder der Nachbarin hüten, im Chor mitsingen oder Gemeindeblätter verteilen usw. Doch es gibt auch welche, die mehr können, weil sie mehr gelernt haben. Wir sollten keine Scheu haben, ihre Unterstützung zu erbitten.

Wir Pastoren aber, die wir so gern alles selber machen und so schwer etwas abgeben wollen, brauchen immer wieder die Erinnerung an die „Schätze und Gaben“ der Gemeindeglieder. Damit wir die Gemeindeglieder nicht entmutigen und die Gemeinde nicht entmündigen – und damit wir uns auf das konzentrieren können, was unseres Amtes ist. Wir haben nicht die Gemeinschaft der Heiligen herzustellen – sie ist da, und wir haben ihr durch Predigt und Sakrament, durch Seelsorge und Mission zu dienen.

Liebe Geschwister, dieser Brief ist mir nun länger geraten als gedacht, und ich habe mir manches, was mir auf der Seele liegt, heruntergeschrieben. In den Sitzungen unserer Kommission und überhaupt in Sitzungen fehlt es dafür an Zeit – bzw. man nimmt sie sich nicht dafür, vermeidet sie gar. Unsere Presbyterien täten gut daran, den ganzen Verwaltungskram weitgehend an sach- und fachkundige Gemeindeglieder abzugeben und sich auf die geistliche Leitung der Gemeinde zu konzentrieren. Doch ich will kein neues Thema anfangen, sondern für heute schließen.“

Er freue sich auf das nächste Treffen, schreibt Pastor Friedrich noch, wünscht behütete Anreise und schließt mit herzlichem Gruß. Amen.

Predigt 8

Die Mitglieder der Kommission haben verabredet, für das nächste Sitzungswochenende etwas Vorarbeit zu leisten. Denn sie wollen alle zehn Gebote behandeln, und so kommen auf jedes Kommissionsmitglied zwei. Herr Brückner hatte Zettel mit den einzelnen Geboten im Wortlaut von 1563 vorbereitet, und Frau Klein hat das erste Gebot gezogen: „Ich bin der Herr, dein Gott, der ich dich aus Ägyptenland, aus dem Diensthause, geführt habe. Du sollst keine andern Götter neben mir haben. ... Was erfordert der Herr im ersten Gebot? Dass ich bei Verlierung meiner Seelen Heil und Seligkeit alle Abgötterei, Zauberei, abergläubischen Segen, Anrufung der Heiligen oder anderer Kreaturen meiden und fliehen soll, und den einigen wahren Gott recht erkennen, ihm allein vertrauen, in aller Demut und Geduld von ihm allein alles Gute erwarten, und ihn von ganzem Herzen lieben, fürchten und ehren; also, dass ich eher alle Kreaturen preisgebe, als im Geringsten wider seinen Willen tue."

Nun sitzt Frau Klein zu Hause in ihrem Zimmer und bereitet für den Religionsunterricht ein Referat zu Römer 13 vor: „Jedermann sei untertan der Obrigkeit, die Gewalt über ihn hat, denn es ist keine Obrigkeit außer von Gott." So lautet die Übersetzung in der Lutherbibel, und der Vers ist fett gedruckt. In der Zürcher ist von „den Obrigkeiten" die Rede, ein deutlicher Unterschied. „Die Obrigkeit" – das ist die jeweilige Regierung, „die Obrigkeiten" – das können auch Eltern, Lehrer, Dienstvorgesetzte sein, überlegt sie, und dass es vorteilhaft sein kann, sich nach solchen Obrigkeiten zu richten. Jedenfalls, so lange solche Obrigkeiten ihre Verantwortung als einen Auftrag Gottes verstehen und ausüben.

Trotzdem: Diese Stelle aus dem Römerbrief erregt ihren Widerspruch. Vor allem möchte sie ihrem Religionslehrer widersprechen, einem Erzlutheraner. „Luther war ein großer Denker, daran haben Sie nicht zu zweifeln", hat er ihr kürzlich geantwortet, als sie gegen einen Satz Luthers etwas einzuwenden wagte. Da hat doch, fällt ihr ein, Pastor Friedrich mal aus irgend einem alten reformierten Bekenntnis etwas über Herrschaft zitiert, etwas, das ihr sehr gefallen und mit dem sie sich erfolgreich gegen ein unsinniges Verbot ihres Vaters gewehrt hat. Doch es fällt ihr nicht mehr ein.

Sie ruft Pastor Friedrich an. Wenn er Besuche macht, schaltet er sein Mobiltelefon aus, doch er ist zu Hause. „Kein Mensch soll über andere Menschen herrschen oder den Anschein von Herrschaft erwecken", sagt der, als sie ihre Frage gestellt hat, „Confessio Gallicana von 1559, 1571 von der Emder Synode bekräftigt. Ist damals bei den Obrigkeiten gar nicht gut angekommen." – „Tut's heute sicher auch nicht", meint Frau Klein, „und das ist vielleicht der Grund, dass es reformierten Gemeinden in Ländern wie Weißrussland, China oder Kuba besonders schwer gemacht wird." Pastor Friedrich stimmt dem zu und will das Gespräch beenden, doch Frau Klein fragt schnell, ob das vielleicht etwas mit dem ersten Gebot zu tun habe. „Ganz bestimmt", antwortet Pastor Friedrich, „jeder, der herrschen, also anderer Menschen Herr sein will, macht der Herrschaft Gottes Konkurrenz. In alten Kirchen finden Sie oft Christus als ‚Pantokrator', als Weltenherrscher dargestellt. Das ist im Grunde eine Kampfansage an alle Herrscher dieser Welt, an Despoten und Diktatoren von Staaten wie an despotische Chefs und diktatorische Eltern. Die absolute Herrschaft Gottes verbietet jeden Absolutismus. Hilft Ihnen das weiter?" Frau Klein merkt, dass Pastor Friedrich keine Zeit mehr hat und bedankt sich.

Sie setzt sich an ihren Computer und lässt ihn nach dem ersten Gebot suchen; der meldet über 7 Millionen Fundstellen, zu Römer 13 sind es fast 2,8 Millionen. Frau Klein kapituliert vor der Fülle. Außerdem kann sie selber denken, und kein noch so kluges Zitat kann eigene Gedanken ersetzen.

Ihr ist aufgefallen, dass das erste Gebot oft verkürzt zitiert wird: „Der ich dich aus Ägyptenland, aus der Knechtschaft geführt habe" fehlt meistens. Doch damit, überlegt Frau Klein, wird ja das Kennzeichen Gottes, seine Besonderheit unterschlagen: Dass er sein Volk aus Knechtschaft befreit, aus der Knechtschaft der Armut und des Reichtums, aus Abhängigkeit von anderen Menschen oder von Sucht und Gier, aus wirtschaftlicher oder politischer Unterdrückung. Ich muss also, folgert sie, allem, was abhängig machen will oder kann, Widerstand leisten. Denn jede Abhängigkeit zerstört die Persönlichkeit, zerstört das Ebenbild Gottes.

Warum nur haben die Römischen und die Lutherischen den Satz von der Befreiung aus der Knechtschaft aus dem ersten Gebot gestrichen, fragt sie sich und weiß keine Antwort. Die sucht sie in Luthers kleinem Katechismus. Da wird das gekürzte erste Gebot so erklärt, dass ich „Gott über alle Dinge fürchten, lieben und vertrauen“ soll. Sie stutzt: Nur über alle Dinge? Nicht auch über alle Menschen? Sie sieht im Heidelberger nach. Da heißt es in Frage und Antwort 94: „Was erfordert der Herr im ersten Gebot? Dass ich bei Verlierung meiner Seelen Heil und Seligkeit alle Abgötterei, Zauberei, abergläubischen Segen, Anrufung der Heiligen oder anderer Kreaturen meiden und fliehen soll, und den einigen wahren Gott recht erkennen, ihm allein vertrauen, in aller Demut und Geduld von ihm allein alles Gute erwarten, und ihn von ganzem Herzen lieben, fürchten und ehren; also, dass ich eher alle Kreaturen preisgebe, als im Geringsten wider seinen Willen tue.“

Frau Klein amüsiert sich über das Wort „Verlierung“, findet die Erklärung aber recht konkret, wenn auch zeitbedingt - und nicht mehr ganz zeitgemäß. Denn die Antwort richtet sich vor allem gegen den damals real existierenden Katholizismus bzw. gegen das, was ungebildete Priester und unwissendes Kirchenvolk daraus gemacht hatten: „Abgötterei, Zauberei, abergläubischen Segen, Anrufung von Heiligen und anderen Kreaturen“ nennt der Heidelberger das und polemisiert hier in schönster Übereinstimmung mit Luther gegen den damaligen Katholizismus.

„Das wäre mal ein Thema für die Jugendstunde“, denkt Frau Klein und teilt ein Blatt in vier Spalten. In den nächsten Tagen will sie notieren, was heute Abgötterei ist, die Verehrung von Fußballidolen etwa oder Markenklamotten. Bei Zauberei denkt sie an das, wie sie es nennt, Gesülze ihrer Mutter von Fernheilung, Telepathie und Energieübertragung. Maskottchen und andere Glücksbringer verbucht sie unter abergläubischem Segen, unter Anrufung von Heiligen dann Gurus aus der Psychoszene und politische Extremistenführer.

„Das reicht als Anregung“, beschließt sie dann, „sollen die andern doch selber denken. Und in großen Buchstaben schreibt sie über ihre Notizen: Wo lauern heute andre Götter, um uns von Gott wegzulocken? Wo machen wir andere oder anderes zu Göttern neben Gott?“

Sie freut sich auf die nächste Jugendstunde, denn sie kann nun manches sagen, was sie der einen oder dem anderen schon länger sagen möchte: Wie leicht und wie gern wir gerade das erste Gebot vergessen und verachten.

Es klopft an ihrer Zimmertür, ihr Freund kommt herein. Der macht zur Zeit seinen Zivildienst in einer diakonischen Einrichtung. „Was bebrütest du denn da?“ will er wissen, und sie erzählt es ihm kurz. „Ich hab eine Idee“, lacht er etwas bitter. „Nämlich?“ fragt Frau Klein und macht sich darauf gefasst, dass er von seinem täglichen Arbeitsfrust erzählt. „Nun sag schon“, fordert sie ihn auf, und hört: „Ich bastle ein Poster mit dem ersten Gebot, aber ohne Ägypten. Dann bau ich ein Foto von unserem Direktor da rein und häng das überall auf. Sollst mal sehen, wie alle lachen!“ Frau Klein weiß, dass er das nicht tun wird. Deshalb kann sie ganz ruhig sagen: „Glaub mir, es sind nicht nur Diakoniefürsten, die sich wie Götter aufführen und keinen neben sich dulden, schon gar keinen, der besser ist als sie. Aber du hast recht: Gerade bei Kirche und Diakonie dürfte es sie nicht geben.“ – „Und gerade da gibt es sie zu Hauf“, klagt ihr Freund, „in großen Einrichtungen thronen sie und auf mancher Kanzel. Und ihre Mitarbeiter behandeln sie wie die Ägypter ihre Sklaven. Wir brauchen einen neuen Mose!“ – „Wenigstens starke Mitarbeitervertretungen“, dämpft Frau Klein ihren Freund. Doch damit provoziert sie ihn nur: „Die haben doch Angst um ihren Arbeitsplatz, die kuschen doch nur. Wir brauchen andere Strukturen, solche, die Möchtegern-Götter von Anfang an verhindern.“

„Ich mach mal Tee“, sagt Frau Klein abrupt, denn was jetzt kommt, kennt sie. Es ist ebenso richtig wie idealistisch. „Entwirf mal dein Poster“, rät sie ihrem Freund und geht in die Küche. Amen

Predigt 9

Nicht ohne Vorwurf bemerkt Frau Treu: „Ausgerechnet heute am Sonntag kommen wir zum vierten Gebot“, als die Kommission an die Arbeit geht. Pastor Friedrich entgegnet, man habe den Tag – sogar schon vor dem Frühstück - mit einer Morgenandacht begonnen, und das müsse mal genügen dürfen. „Wir besuchen aber nicht den Gottesdienst“, beharrt die lutherisch erzogene Frau Treu, „und mir liegt nun mal daran, den Segen mitzubekommen.“ – „Sind sie heimlich katholisch?“ fragt Frau Klein spitz, worauf Herr Brückner sich einschaltet: „Frau Treu, um Gottes Segen können sie selbst bitten. Kein Pastor, keine Pastorin kann ihnen den austeilen, denn kein Mensch verfügt über Gottes Segen. Den Segen erteilen zu wollen, halte ich persönlich für Anmaßung. Darum formulieren wir den Segen in Gebetsform, so, wie ich das heute in der Andacht getan habe. Mehr kann kein Mensch tun. Und wir müssen jetzt auch was tun. Bruder Friedrich, sie haben wieder etwas vorgearbeitet; sie haben das Wort.“

„Das Gebot der Feiertagsheiligung“, beginnt Pastor Friedrich, „galt in meiner Kindheit mehr als heute. In meinem Elternhaus war das so: Nach dem Frühstück machten wir uns fein für den Kirchgang und spazierten zum Gottesdienst. Danach stand man noch ein wenig beisammen, redete über dies und das und jenes und spazierte zurück. Nach dem Mittagessen las Mutter das Sonntagsblatt vor, von vorn bis hinten. Dann machte sie Tee und schaltete das Radio ein: Wunschkonzert. Die Familie saß noch bis zum Abendbrot zusammen oder machte einen kleinen Spaziergang. Draußen herumtoben durften wir Kinder nicht, auch nicht für die Schule lernen. Nach dem Abendbrot las Vater den Sonntagsabschnitt aus dem Heidelberger, sagte ein paar Sätze dazu, und damit ging der Tag zu Ende. Diese Lesungen sollten die Katechismuspredigten ersetzen, die früher üblich waren. Für uns Kinder waren die Sonntage nur langweilig. Übrigens: Meine Eltern hatten eine Gastwirtschaft, aber die war sonntags geschlossen; Geschäfte wurden sonntags nicht gemacht. Manchmal wollten Durchreisende etwas essen oder trinken, dann wurden sie als Gäste in die Wohnung eingeladen. Das waren, wenn es vorkam, willkommene Abwechslungen."

Herr Brückner bedankt sich, mit seiner Erinnerung habe Pastor Friedrich Frage und Antwort 103 anschaulich gemacht. Herr Brückner zitiert den Wortlaut von 1563: „Was will Gott im vierten Gebot? Gott will erstlich, dass das Predigtamt und Schulen erhalten werden und ich, sonderlich am Feiertag, zu der Gemeinde Gottes fleißig komme, das Wort Gottes zu lernen, die heiligen Sakramente zu gebrauchen, den Herrn öffentlich anzurufen und das christliche Almosen zu geben. Zum andern, dass ich alle Tage meines Lebens von meinen bösen Werken feiere, den Herrn durch seinen Geist in mir wirken lasse, und also den ewigen Sabbat in diesem Leben anfange."

Wie sie das „Feiern von bösen Werken" verstehen solle, will Frau Klein wissen und erfährt von Professor Harms, dass das Wort ‚feiern' mit „frei' zusammenhänge: das ganze Leben eines Christen, einer Christin solle von ‚bösen Werken' frei sein. Im Sinne des vierten Gebotes sei ein Feiertag vor allem ein von Arbeit freier Tag – und zwar für alle, die Arbeit zu leisten hätten: ‚Da sollst du keine Arbeit tun, noch dein Sohn, noch deine Tochter, noch dein Knecht, noch deine Magd, noch dein Vieh, noch der Fremdling, der in deinen Toren ist.' Die Einführung der Sechs-Tage-Woche auch für Knechte und Mägde, sogar für ausländische Sklaven und für Arbeitstiere, dürfte zur Zeit der Entstehung der Gebote sehr revolutionär gewesen sein. – „...und wird es heute wieder", ergänzt Frau Klein und stellt fest, dass die soziale Komponente der Gebote wohl ziemlich aus dem Blick geraten sei, nicht nur in Politik und Wirtschaft, sondern auch bei Kirchens. Das habe schon mit der Kürzung des vierten Gebotes auf die Formulierung „Du sollst den Feiertag heiligen" begonnen. „Wenn schon nicht um Gottes Willen, dann doch um der Menschen Willen müssen die Kirchen viel lauter gesetzlich verankerte regelmäßige arbeitsfreie Tage fordern!" schließt sie ihren Beitrag.

Das sei ihr zu politisch, wirft Frau Treu ein, gibt aber zu, dass man das vierte Gebot so interpretieren könne. „Sie hängen doch sonst immer so am Wortlaut, warum denn hier nicht?“ empört Frau Klein sich, und Herr Brückner erinnert schnell an die eigentliche Aufgabe der Kommission. „Allerdings“, ergänzt er, „regelt die sogenannte ‚zweite Tafel' das Miteinander von Menschen und ist somit politisch im ursprünglichen Sinne. Und ich gebe ihnen recht, Frau Klein: manche innerkirchliche Entwicklung hat diesen Aspekt der Gebote in den Hintergrund gedrängt. Jedenfalls bei uns; in den jungen Kirchen Afrikas, Asiens und Lateinamerikas sieht das anders aus. Wir können viel von ihnen lernen.“ – „Wir müssen von ihnen lernen“, korrigiert Professor Harms, „sonst verlieren unsere Predigten, verliert unser Glaube an Bedeutung. Besonders im Alten Testament geht es doch darum, das Leben lebenswert zu machen, Milch und Honig für alle. Erst, als die Vorstellung von einem Leben nach dem Tod in Israel Aufnahme fand – ziemlich spät übrigens – richtete sich die Aufmerksamkeit von der Erde in den Himmel – bis zu der Vorstellung, dass ‚Armut hier dorten reich' mache. Jesus aber preist die Armen nicht deshalb selig, weil sie arm sind, sondern weil sie von ihrer Armut befreit werden. Darum stört mich das Wort ‚Almosen' in Antwort 103; es sollte ‚teilen' heißen!“

„Damit kommen wir zu unserer eigentlichen Aufgabe“, stellt Herr Brückner erleichtert fest; je länger die Kommission arbeitet, umso öfter schweift sie von ihrem Thema ab. Doch daran erkennt Herr Brückner auch, wie wichtig ihre Arbeit der sprachlichen Überarbeitung ist: Würde die Kommission nur an Formulierungen feilen, wäre der Inhalt unwichtig. So aber zeigt sich die Aktualität des Heidelberger, seine Bedeutung für die Gegenwart.

Pastor Friedrich schlägt vor, den Text des vierten Gebotes wieder aus der Zürcher Bibel zu übernehmen. An Frage und Antwort 103 allerdings sei ein wenig zu polieren. „Wir sollten die beiden Bandwürmer zerteilen, drei oder besser vier Sätze daraus machen, und außerdem einige Begriffe durch heute gängigere ersetzen“, rät er. Professor Harms besteht auf dem „feiern“ der bösen Werke, er findet die Formulierung einfach schön.

„Aber das versteht doch kein Mensch!“ protestiert Frau Klein. Schon ist Frau Treu auf der Seite des Professors, Pastor Friedrich unterstützt Frau Klein, und Herr Brückner kann mal wieder vermitteln. „Unser Leben sei ein Fest“, zitiert er aus dem Gesangbuch, „und was gefällt Gott mehr als ein von bösen Werken freies Leben!? Lassen sie uns bei dem Feiern bleiben und es in einer Fußnote erklären, was meinen Sie?“ – „Gute Idee“, meint der Professor, und Frau Klein murmelt „Meinetwegen.“ Der Rest ist schnell erledigt, nur am „ewigen Sabbat“ probieren sie ein Weilchen herum. Schließlich folgen sie Pastor Friedrichs Vorschlag, weil das Wort ‚Sabbat‘ heute durch Begriffe wie ‚Sabbatjahr‘ allgemein verständlich sei. Außerdem mache die Aufzählung in Antwort 103 deutlich, was Inhalt eines Sabbats sei: fleißig zur Gemeinde kommen, das Wort Gottes lernen, die Sakramente gebrauchen, Gott öffentlich anrufen, in christlicher Nächstenliebe für Bedürftige spenden und von bösen Werken feiern. Das könne doch eigentlich jeder vernunftbegabte Mensch verstehen. – „’Mit Bedürftigen teilen’ fände ich besser“, kommt Professor Harms auf früher Gesagtes zurück. Herr Brückner blickt demonstrativ auf die Uhr, Frau Treu rollt etwas genervt die Augen himmelwärts, Frau Klein ruft: „Fänd’ ich auch besser.“

In diesem Augenblick beginnen die Glocken zu läuten, und Herr Brückner meint, da sie so zügig gearbeitet hätten, könnten sie jetzt am Gottesdienst teilnehmen. „Das ist jetzt erst das Vorläuten“, erinnert er, „wir haben noch Zeit für eine Pause.“ Damit entlässt er die Gruppe. Amen.

Predigt 10

„Bald haben wir es geschafft“, stellt Herr Brückner zu Beginn der Septembersitzung fest. „Ich denke, mit noch ein oder zwei weiteren Sitzungen bringen wir die Sache hinter uns.“ – „Wird auch Zeit“, knurrt Professor Harms, und

Frau Treu atmet hörbar auf. Sie hat sich in dem Kreis nie so recht wohl gefühlt, denn weder haben ihre eher traditionellen Vorstellungen das erwünschte Gehör gefunden noch hat sie die deutliche Tendenz der Abgrenzung gegenüber anderen Konfessionen immer nachvollziehen können. Andererseits hat sie vieles dazugelernt, was für sie neu war und was sie in ihrer lutherischen Jugend natürlich nicht erfahren konnte. Und sie merkt, dass sie als Presbyterin einer reformierten Gemeinde in nicht wenigen Punkten doch recht lutherisch denkt.

„Es reicht eben nicht, die Leute zu mögen", überlegt sie, „man muss ihr Denken, ihre alltäglichen und sonntäglichen Selbstverständlichkeiten begreifen, akzeptieren und übernehmen, muss ihre Überzeugung zur eigenen Überzeugung machen, ihr Bekenntnis annehmen – sonst bleibt man ein Außenseiter." Ihr fallen manche Situationen ein, in denen sie sich außen vor, wenigstens an den Rand gestellt fühlte. Bisweilen in der Gemeinde und erst recht in verschiedenen Gremien, in denen sie mitarbeitet. Manches mal konnte sie nicht mitreden, weil es ihr am Basiswissen fehlte und am Grundverständnis. Das hat sie bei der Behandlung der zehn Gebote gemerkt: In ihrem lutherischen Konfirmandenunterricht hat sie gelernt: Die Gebote sollen und wollen den Menschen als Sünder überführen, damit er um so mehr Gottes Gnade begehrt. Der Heidelberger sagt: Die Gebote zu halten, nach und mit ihnen zu leben, ist Ausdruck der Dankbarkeit für Gottes Gnade. Das ist schon ein gravierender Unterschied, und sie sieht die Gebote in neuem Licht, sieht sie nicht als Ankläger, sondern als Freund und Helfer. „Denn eigentlich", überlegt sie, „habe ich die Gebote immer gehalten, so gut ich konnte. Und eigentlich habe ich nie verstanden, wieso sie mich überführen sollten. Da denkt der gute Luther wohl noch zu katholisch. Na ja, schließlich war er ja katholischer Priester – aus Angst vor Blitz und Donner."

Frau Treu erinnert sich, was – wer war das denn noch? – über Angst zur Reformationszeit gesagt hatte: Dass die Menschen damals in ständiger, heute unvorstellbarer Angst vor Höllenqualen und ewiger Verdammnis lebten und gehalten wurden, dass die Reformatoren die Menschen von dieser Angst befreit hatten – und dass die Befreiung viel seelsorgerliche Arbeit erforderte. Frau Treu wundert sich, wie manipulierbar Menschen doch sind und schüttelt, ohne dass sie es merkt, den Kopf.

„Sind Sie anderer Meinung, Frau Treu?“ spricht Herr Brückner sie an, reißt sie damit aus ihren Gedanken und stürzt sie in Verwirrung. „Nein, nein, sagt sie schnell, „ganz und gar nicht!“ „Dann können wir also das ‚vornehmste Stück' durch ‚wichtigste Gestalt' ersetzen“, stellt Herr Brückner fest, „das andere bleibt dann, wie soeben besprochen. Ich lese noch einmal vor: Frage 116: Warum ist den Christen das Gebet nötig? – Antwort: Weil es die wichtigste Gestalt der Dankbarkeit ist, die Gott von uns fordert, und weil Gott seine Gnade und seinen heiligen Geist nur denen geben will, die ihn herzlich und unaufhörlich darum bitten und ihm dafür danken. – Einverstanden?“ fragt er noch einmal, und alle nicken. Frau Treu seufzt leise vor sich hin; sie hätte das ‚herzliche Seufzen ohne Unterlass' gern behalten, doch nun ist es zu spät.

„Das war“, erklärt Herr Friedrich, „sozusagen die Einleitung für den Abschnitt ‚Vom Gebet.' Jetzt steigen wir ins Thema ein, und darauf habe ich mich etwas vorbereitet. Denn bevor wir ein so wichtiges Thema wie das Gebet sprachlich überarbeiten, sollten wir wissen, worum es inhaltlich geht. Beten an sich ist nichts speziell Christliches; alle Religionen kennen das Anrufen ihrer Götter oder ihres Gottes. Im Gebet bekennen die Betenden ihre Abhängigkeit von einer – ich nenne es mal: höheren Macht. Psychologisch betrachtet, ist Beten ein konzentriertes Nachdenken über ein Problem mit dem Ziel einer Lösung im Sinne der jeweiligen Religion. Bestimmte Körperhaltungen sollen die Konzentration unterstützen. So sind beim Beten tiefe Erkenntnisse und Einsichten möglich, die ohne diese Konzentration auf das Problem und die Gottheit nicht möglich wären. Zu ähnlichen Erkenntnissen und Einsichten kann man allerdings auch durch tiefe Entspannung kommen. Die Bibel lässt es offen, ob jemand den Weg der Konzentration oder den der Entspannung wählt. Sie warnt aber vor Geplapper, vor unkonzentriertem, unruhigem Daherreden oder Dahindenken.

Sehen wir uns Gebete in der Bibel an, Psalmen zum Beispiel, dann fällt auf: sie verbinden eine Bitte stets mit einem Lob Gottes und einem Dank an ihn. Oft zeigen sie die Bereitschaft, Kommendes hin- und anzunehmen. Sie gehen also nicht davon aus, dass ihr Wunsch erhört, ihre Bitte erfüllt wird: Gottes Wille steht höher, sein Wollen übersteigt menschliche Vorstellungen. Mit Worten des Heidelberger: Alles muss mir zu meiner Seligkeit dienen.

Unsere Frage 117 fragt, was zu einem Gebet gehört, das Gott gefällt und erhört wird. Damit ist zugleich gesagt: Ein Gebet, das Gott nicht gefällt, ist und bleibt ein – im doppelten Sinn - unerhörtes Gebet. Ein Gebet ist keine Münze, die man in einen Automaten wirft, und das Gewünschte kommt heraus.

Entsprechend nennt Antwort 117 drei Bedingungen: 1. Gott von Herzen um das anrufen, was er zu bitten befohlen hat. Das zielt auf nichts anderes als auf die Bitten des Unser-Vater-Gebetes. 2. Die eigene Situation gründlich analysieren. Das heißt einerseits, eigene Lösungswege zu suchen – und andererseits, sich eigenes Unvermögen einzugestehen. Und 3. sich darauf verlassen, dass Gott solches Gebet so erhört, wie er es zugesagt hat – und nicht so, wie wir es denn gern hätten.

Das sind strenge Regeln und weit von dem entfernt, was viele für Beten halten und was doch nur Geplapper ist oder ein Wunschzettel für den Weihnachtsmann. Diese Regeln machen auch deutlich, dass in unsrem Leben nicht alles nach unserem Kopf geht; sie lehren uns Bescheidenheit. Und: Sie entlassen uns nicht aus unserer Verantwortung für uns selbst und für andere.

Übrigens: Der Heidelberger spricht hier vom persönlichen Gebet. Öffentliches Gebet im Gottesdienst etwa hat noch mehr zu bedenken. Doch das ist jetzt nicht unsere Aufgabe."

Damit schließt Pastor Friedrich seinen kurzen Vortrag, und Herr Brückner lädt zur Pause. Professor Harms hatte seine Pfeife schon gestopft, Frau Klein füllt zwei Tassen mit Kaffee und fragt den Professor, ob er mitkäme in die Sonne. Der schnappt sich noch schnell eine volle Thermoskanne, und beide setzen sich auf eine Bank.

Sie habe noch nie über das Beten nachgedacht, erzählt Frau Klein, sondern, wenn ihr danach war, einfach drauf los gebetet. Das könne sie nun nach dem Gehörten wohl nicht mehr, und sie bräuchte Anleitung. „Auf dem Büchermarkt gibt es kaum etwas über das persönliche Beten", antwortet Professor Harms, „um so mehr für den gottesdienstlichen Gebrauch. Verkehrte Welt!" – „Wieso?" fragte Frau Klein. „Vorsicht", sagte der Professor, „ich rede mich gleich in Fahrt, bremsen Sie mich bitte. Also: Ich meine, dass gottesdienstliches Gebet und Predigt aus einem Guss sein sollen. Stattdessen erlebe ich immer wieder, dass Gebete und sogar Predigten aus Büchern oder dem Internet kopiert und zusammengestoppelt werden. Ich habe schon Predigten hören müssen, die fast nur aus aneinandergereihten Zitaten bestanden." – „Und Gebete?" unterbricht Frau Klein ihn. „Da wird meistens die Agende genommen und gebetet, was da für den Sonntag gerade steht. Und dann merkt man: Der Betende steht nicht dahinter, er oder sie plappert nach. Das kann man eigentlich keiner Gemeinde antun. Und Beten im Sinne des Heidelberger ist das auch nicht."

Wie das denn mit dem persönlichen Gebet sei, beharrt Frau Klein. Als Kind habe sie ein paar gereimte Gebete gekannt und aufgesagt, später dann frei formuliert – für manches schäme sie sich heute – und nun sei sie durch den Vortrag von Pastor Friedrich verunsichert. „Vielleicht machen Sie es wie ich", schlägt der Professor vor, „ich bete nur selten, wenn ich in einer Sache wirklich nicht mehr weiter weiß, mich hilflos, orientierungslos fühle. Meistens lese ich dann in den Psalmen. Wissen Sie übrigens, dass Calvin die Psalmen als ‚Anatomie der Seele' bezeichnet hat? Da finde ich immer etwas, das meinen Zustand trifft. Und am Ende geht es mir wie allen Psalmdichtern: Ich finde Trost, finde Mut, finde Anlass, Gott zu danken. So finde ich Klarheit für meinen Weg. – Noch Kaffee?"

Frau Klein begreift, dass der Professor nicht weiterreden will; er hat sie tief in sein Inneres blicken lassen. Sie hält ihre Kaffeetasse hin und er schenkt nach. Schweigend, beide mit eigenen Gedanken beschäftigt, sitzen sie bis zum Ende der Pause in der Herbstsonne. Amen

Predigt 11

Nun steht fest: Noch eine Sitzung, und dann ist die Aufgabe erledigt. Die Kommissionsmitglieder nehmen das einerseits mit Erleichterung zur Kenntnis, denn es war doch sehr viel trockene Theorie und trockene Theologie, mit der sie sich beschäftigt haben. Andererseits bedauern sie das nahende Ende dieser Arbeit, denn durch die intensive Beschäftigung mit dem Heidelberger ist ihnen manches aufgegangen, über das sie zuvor nie nachgedacht haben. Sie haben sich darin geübt, genau auf den Text zu achten: Was steht denn da, und was bedeuteten die Begriffe damals, vor 450 Jahren? – um dann nach Begriffen von heute zu suchen. Denn das, was im Heidelberger steht, kann auch den Menschen von heute helfen, fröhlich zu leben und ruhig zu sterben.

An diesem Wochenende hat die Kommission sich das Unser-Vater-Gebet vorgenommen, und jetzt sind Frage und Antwort 125 dran. Mit den Worten von 1563 lauten sie: „Was ist die vierte Bitte? Gib uns heute unser täglich Brot, das ist: wollest uns mit aller leiblichen Notdurft versorgen, auf dass wir dadurch erkennen, dass du der einige Ursprung alles Guten bist, und dass ohne deinen Segen weder unsere Sorgen und unsere Arbeit, noch deine

Gaben uns gedeihen, und wir deshalb unser Vertrauen von allen Kreaturen abziehen und allein auf dich setzen."

„Das ist ein Hammer", kommentiert Frau Klein und ergänzt: „Ich meine den letzten Satz: Unser Vertrauen von allen Kreaturen abziehen und allein auf Gott setzen. Vertrauen zu einander, Vertrauen auf einander ist doch Voraussetzung für jedes Zusammenleben! Kann mir das mal jemand erklären?"

Frau Treu sitzt ruckartig senkrecht, doch weil alle anderen schweigen, hält sie sich zurück und blickt wie die anderen in den Text. „Ich denke", beginnt Pastor Friedrich nach einer Weile vorsichtig, und Professor Harms flachst dazwischen: „Also bin ich." Frau Treu schießt ihm einen bösen Blick zu, die anderen schmunzeln, und Pastor Friedrich verliert seinen Faden. Herr Brückner springt ein: „Es geht hier wohl weniger um das Vertrauen zwischen uns Menschen." – „Sondern?" hakt Frau Klein nach und bringt Herrn Brückner damit in Verlegenheit. „Denken Sie an Schleiermacher", rettet Professor Harms die Situation, „der hat Glauben als das „Gefühl der schlechthinnigen Abhängigkeit" definiert, m. a. W., als das Bewusstsein, letztlich und im Grunde auf Gott angewiesen zu sein. Schleiermacher hat seinen Heidelberger sicher gut gekannt, denn nichts anderes lese ich hier: Alles, was wir zum Leben haben, hat seinen Ursprung in Gott, dem Schöpfer. Brot und Butter, Wasser und Wein genau so wie unsere Fähigkeit, einander zu vertrauen. Denn wir sind genau so seine Geschöpfe wie dieser Marienkäfer hier." Dabei zeigt er auf einen solchen, der gerade über den Tisch krabbelt, lässt ihn auf ein Blatt Papier kriechen und setzt ihn durchs Fenster an die frische Luft.

„Das hieße", fragt Frau Klein nach, „zum täglichen Brot gehört auch das zwischenmenschliche Vertrauen, und dann auch Nähe und Geborgenheit, Lob und Anerkennung und so weiter?" – „Ich de-" reagiert Pastor Friedrich und korrigiert sich: „Ich meine, der Heidelberger versteht unter ‚täglichem Brot' tatsächlich alles, was wir zum Leben brauchen. Die hier sogenannte ‚tägliche Notdurft'" – Pastor Friedrich ignoriert das Kichern von Frau Klein ebenso wie das Grinsen von Professor Harms – „ist wirklich umfassend zu verstehen, ganzheitlich, wie man heute sagt. Eben alles, dessen es bedarf, um Nöte zu beseitigen, einen knurrenden Magen wie den Hunger nach Zärtlichkeit.“

„Dann sollten wir die ‚Notdurft“ aber unbedingt ersetzen“, mahnt Herr Brückner die Aufgabe der Kommission an, „wie wäre es mit ‚Bedarf'?“ Das sei ihm zu schwach, wirft der Professor ein, und das Wort im Plural zu gebrauchen, wie die Sozialwissenschaftler es gern täten, sei einfach schlechtes Deutsch. Das aber sei jeder Verkündigung des Evangeliums unangemessen. „Das Wort Gottes bedarf guter Sprache!“ stellt er fest und macht die anderen etwas ratlos.

„Wie wär's mit ‚alles, was wir zum Leben brauchen'?“ schlägt Frau Klein vor und erntet zustimmendes Gebrumme. Nur Professor Harms hat noch Bedenken; das sei ihm zuviel und zu wenig. Zuviel, weil es in der vierten Bitte um den Körper ginge, und zu wenig, weil es hier nicht um die Seele ginge. „Dass Christus das Brot des Lebens ist, bedeutet ja nicht, dass wir hungern sollen oder andere verhungern lassen“, erklärt er, und dass es daher erforderlich sei, die körperlichen Bedürfnisse zu benennen. Er könne sich ‚Leib und Leben' vorstellen, und ‚nötig haben' statt ‚brauchen', um Not leidende Menschen nicht zu vergessen. „Schließlich steht nirgendwo geschrieben, dass die Armen selig sind, weil sie arm sind. Aus ihrer Armut befreit zu werden, macht sie selig. Es gibt bei Kirchens eine sehr unbiblische Verklärung von Armut, die nur den Reichen nützt. Dagegen müssen wir unbedingt angehen“, ereifert der Professor sich; er ist bei einem seiner Lieblingsthemen.

Herr Brückner bremst ihn, indem er seinen Formulierungsvorschlag vorliest: „Versorge uns mit allem, was für Leib und Leben nötig ist - Punkt.“ Dem können alle zustimmen. „Kommen wir zum Zweck der Rundumversorgung“, drängt Herr Brückner weiter: „Eben daraus sollen wir unser Angewiesensein auf Gott, unsere ‚schlechthinnige Anhängigkeit' von ihm als Ursprung alles Guten erkennen – und dass ohne Gottes Segen alles nichts ist. ‚Segnen' bedeutet übrigens ‚kennzeichnen, zum eigenen Besitz erklären' – weshalb kein Mensch einen anderen segnen kann und darf. – Frau Klein, Sie schreiben so eifrig, haben Sie einen Vorschlag?"

Frau Klein hat: „Von dir kommen alle guten Gaben, und ohne deinen Segen ist alles nichts. Deshalb wollen wir unser Vertrauen allein auf dich setzen." Frau Treu rollt die Augen zur Decke und meint, das sei ihr zu flach. Auch klänge das so, als ob das so einfach ginge, allein auf Gott zu vertrauen. Das müsse man doch immer wieder lernen und üben!

Pastor Friedrich pflichtet ihr in so fern bei, als der Aspekt des Erkennens in diesem Vorschlag etwas zu kurz käme. „Zwar gibt es ein plötzliches Erkennen, dass es einem wie Schuppen von den Augen fällt", ergänzt Pastor Friedrich, „doch meistens ist das Erkennen ein langer, bisweilen lebenslanger Prozess mit Fort- und Rückschritten. Das sollten wir irgendwie aufnehmen, um die Menschen zu ermutigen und zu verhindern, dass sie sich überfordern." – „Das wäre", fährt Herr Brückner fort, „ganz auf der Linie des Heidelberger und ganz im Sinne Calvins, dem die Gewissensruhe des Menschen sehr am Herzen lag."

Herr Brückner schlägt nun vor, dass alle in der Runde einen schriftlichen Formulierungsversuch machen und bietet an, die Endredaktion zu übernehmen. Mit einem Blick auf die Uhr stellt er fest, dass der Gong gleich zum Mittagessen rufe, und man wolle doch pünktlich sein, kaltes Essen schmecke einfach nicht.

Alle fangen zu schreiben an, streichen durch, schreiben neu; Professor Harms und Frau Klein tuscheln miteinander, bis Frau Treu ein „Psssst!" zischt. Da ertönt der Gong, doch Pastor Friedrich bittet um noch einen Moment Geduld: ihm sei ein Zitat von Calvin eingefallen. Er blättert kurz in seinen Unterlagen, dann liest er vor: „Es ist nirgendwo untersagt, zu lachen oder sich zu sättigen oder neue Besitztümer mit den alten, ererbten zu verbinden oder zum Klang der Musik sich zu erfreuen oder Wein zu trinken“ (Institutio III 19,9). Und nun: Genießen Sie das Mittagsbrot!“ Amen

Predigt 12

„Was bedeutet das Wörtlein Amen? - Amen heißt: das soll wahr und gewiss sein; denn mein Gebet viel gewisser von Gott erhöret ist, als ich in meinem Herzen fühle, dass ich solches von ihm begehre.“

Die fünf Mitglieder der Kommission haben sich noch einmal in der Tagungsstätte, einem einstigen Kloster, getroffen. Sie haben sich vorgenommen, bis zum Abendessen am Samstag mit ihrer Arbeit fertig zu sein. Danach wollen sie zum Abschluss ihrer Arbeit den Abend feiern, am nächsten Vormittag noch den Gottesdienst besuchen und dann auseinander gehen. Trotz aller Differenzen, die es in der Gruppe gab, sind sie durch die gemeinsame Aufgabe einander näher gekommen. Leichte Wehmut schwebt im Raum, denn einige werden sich wohl nicht wiedersehen; Freude ist zu spüren, dass die Aufgabe bewältigt ist, und Dankbarkeit, weil die Arbeit für alle ein Gewinn war. Doch erst müssen sie noch das Amen hinter sich bringen.

„Woher kommt das Wort eigentlich?“ fragt Frau Klein; ihr Wunsch, nach dem Abitur Theologie zu studieren, ist durch die Mitarbeit zum festen Vorsatz geworden. Herr Brückner, der Vorsitzende, blickt zu Pastor Friedrich. Während der noch in seinen Notizen wühlt, erklärt er: „Das Wort stammt von dem hebräischen Verb „aman“, und das bedeutet „stärken, bekräftigen.“ ‚Amen’ lässt sich wörtlich nur schwer übersetzen, am besten trifft die Formulierung: „So sei es!“ Der Gebrauch des „Amen“ stammt wohl aus dem ägyptischen Hofzeremoniell; ordnete ein Vorgesetzter etwas an, schloss er mit „So soll es sein“, und der Befehlsempfänger antwortete „So wird es sein.“ – „Zu Befehl“ unterbricht Professor Harms ihn, die Hand zu militärischem Gruß an die Stirn gelegt. „Ja, das trifft es“, fährt Pastor Friedrich unbeirrt fort, „wissen Sie übrigens, wo der militärische Gruß seinen Ursprung hat?“ – Schweigen in der

Runde. „Wenn Ritter in ihren Rüstungen sich begegneten, klappten sie ihr Visier hoch, um sich zu erkennen zu geben. Die inzwischen sinnentleerte Geste hat sich erhalten. Aber zurück zum Amen: Im Judentum, im Christentum und im Islam bestätigt die Gemeinde mit „Amen" das Gehörte, stimmt ihm also zu und verspricht, sich daran zu halten."

„In der katholischen Kirche ist das so", wirft Frau Klein ein, „bei uns aber nicht. Wieso das denn?"

„Da haben Sie recht und auch nicht", ergreift Herr Brückner das Wort, „in der katholischen Kirche ist das so, und bei uns nicht. Die Lutheraner praktizieren beides, dass – etwa in der Liturgie – die Gemeinde das Amen spricht, der Pastor aber-" – „und die Pastorin" wirft Frau Treu ein – „lutherische Pastorinnen und Pastoren aber beenden ihre Predigt selber mit Amen. Im Gebrauch des Amen zeigt sich das unterschiedliche Amtsverständnis: Der katholische Priester steht stellvertretend für den sogenannten Stellvertreter Christi, für den Papst also, der Gemeinde gegenüber. Nach unserem Verständnis sind Pastorinnen und Pastoren" – Herr Brückner blickt schmunzelnd zu Frau Treu - „nach unserem Verständnis sind Pastorinnen und Pastoren lediglich für das Amt der Verkündigung vom Broterwerb freigestellte Gemeindeglieder. Denn in den nach Gottes Wort reformierten Gemeinden gehört die Verkündigung zu den Aufgaben, zu den Ämtern der Gemeinde. Die Pastorin, der Pastor spricht also stellvertretend für die Gemeinde das Amen. Natürlich könnten wir das auch gemeinsam sprechen, doch so etwas bringt oft Unruhe und Verunsicherung. Unsere schlichte Liturgie ist eben menschenfreundlich: Alles, was die Gemeinde zu tun hat, wird angesagt. Auch jemand, der den Ablauf nicht kennt, kann nichts falsch machen. Doch zurück zum Heidelberger", schließt Herr Brückner seinen Ausführungen. Es entsteht eine kleine Pause, denn alle blicken in den Text und versuchen, dessen Sinn zu erfassen. Halb laut liest Professor Harms vor sich hin: „Amen heißt: das soll wahr und gewiss sein; denn mein Gebet viel gewisser von Gott erhöret ist, als ich in meinem Herzen fühle, dass ich solches von ihm begehre." Dann sagt er: Wenn ich jetzt ein Stück Kreide hätte, würde ich ‚Luther in Marburg' spielen und ‚Das ist" auf den Tisch schreiben – das ist wahr und gewiss. Denn „soll sein" klingt heute eher unverbindlich. ‚Soll' wurde zwar damals als Verstärkung gebraucht, aber heute nicht mehr. Das sollen wir berücksichtigen."

Dem können alle zustimmen, und der Professor fährt fort: „Was dann folgt, verstehen heute nur noch Historiker, schon vom Satzbau her steigt da keiner mehr durch. Oder, Frau Klein?"

„Erwischt", antwortet die, und: „Was ich hier verstehe ist: Mein Gebet ist mehr erhört, als ich erbeten habe. – Aber verstehen tu ich das auch nicht." „Was tun sie denn tun?" fragt der Professor grinsend zurück, denn schlechtes Deutsch mag er nicht. Frau Klein überlegt einen Moment, dann lacht sie den Professor keck an: „Ich tu verstehen, dass Gott mir mehr gibt, als ich mir wünschen kann. Richtig?"

„In der Sache ja", antwortet der Professor, gibt aber zu, dass er mit dieser Aussage auch seine Probleme habe. „Versuchen Sie mal eine Verbindung zu Frage und Antwort 1 herzustellen", schlägt Pastor Friedrich vor, „dort wird festgestellt, worauf wir uns unbedingt verlassen können, und dass uns alles zu unserer Seligkeit dient. Mir scheint, das wird hier noch einmal bekräftigt. Als Schlusspunkt, um es so zu sagen, eben: als Amen."

Frau Treu hat während des Gesprächs in ihrer Bibel geblättert und Lesezeichen eingelegt. Jetzt räuspert sie sich gründlich, und alle blicken zu ihr hin. „Jesus sagt: Sorgt nicht für den kommenden Tag", beginnt sie, „denn der Vater weiß, wessen ihr bedürft." – „So ähnlich heißt es in der Bergpredigt", unterbricht Pastor Friedrich, „genau heißt es: Sorgt euch nicht um den kommenden Tag. Der kommt bestimmt. Aber – was wollten Sie damit sagen, Frau Treu?" Die hat durch die Unterbrechung ihren Faden verloren, findet ihn aber schnell wieder: „Vertrauen auf Gottes Vorsorge für uns findet sich an vielen Stellen in der Bibel, und auch der Gedanke, dass Gottes Vorsehung unser kleinkariertes Denken weit übersteigt. Ich denke manchmal, wir brauchen Gott eigentlich um gar nichts zu bitten, was unseren eigenen Interessen entspringt. Wir sollten vielmehr ihm unsere Wege befehlen und darauf Vertrauen, dass er es wohl machen wird."

Herr Brückner bedankt sich für diesen Beitrag und erinnert daran, den letzten Satz noch zu formulieren. Frau Klein schlägt vor: „Ich kann mich darauf verlassen, dass Gott für mich sorgt. Er weiß besser als ich, was ich brauche." Frau Treus gefürchtetes Augenrollen bringt Herrn Brückner zu einem Kompromissvorschlag, der sich an den alten Wortlaut lehnt: „Mein Gebet ist von Gott viel gewisser erhört, als ich in meinem Herzen fühle, dass ich dies alles von ihm begehre." Da kein Widerspruch erfolgt, bleibt es dabei. Herr Brückner dankt allen für die nicht immer leichte Mitarbeit – „Wo steht geschrieben, dass Arbeit leicht sein soll?" fragt Professor Harms dazwischen – und Herr Brückner meint, man könne mit dem Ergebnis durchaus zufrieden sein. „Wir sehen uns dann zum Abendessen und danach in gemütlicher Runde", schließt er.

Während alle ihre Unterlagen zusammenpacken, lädt Professor Harms Frau Klein ein, an seiner Uni zu studieren, und bietet ihr eine Hilfskraftstelle für ein geplantes Katechismusprojekt an; er will den Heidelberger neu formulieren. Dass sei dringend nötig, meint er, denn immer weniger Menschen verstünden die Sprache der Kirche. Deshalb müsse Kirche die Sprache der Menschen lernen – oder sie wird nicht mehr gehört. Amen

Die Folgen

Nach dieser Predigtserie klingelte eines Tages das Telefon des jüngeren Pastoren, und nach einem Jahr Pause meldete der alte Kollege sich wieder: Das sei zwar eine interessante Reihe gewesen, habe jedoch die Gemeindeglieder stark überfordert, Theologie sei halt zu schwer für Gemeinde.

Der jüngere Pastor erzählte von Gemeindegliedern, die nach eigenem Bekunden „endlich begriffen hätten, was sie im Unterricht gelernt hatten“, erzählte, dass der Frauenkreis sich mit dem Heidelberger beschäftige und der Kirchenrat ein Wochenende zu Frage und Antwort 1 gemacht habe. Man könne den Gemeindegliedern durchaus einiges an Theologie zumuten. „Na, ich weiß nicht“, meinte der Alte und bat nach kurzer Pause um die Manuskripte. Er bekam sie, doch was er damit gemacht oder nicht gemacht hat, weiß nur er.

III Der Heidelberger Katechismus – Abschluss der Arbeit

Im Jahre 1562 hatten die Heidelberger Professoren Caspar Olevianus und Zacharias Ursinus im Auftrag ihres Kurfürsten mit der Arbeit an einer "festen Grundlage biblischer Glaubenserkenntnis" begonnen. Diese feste Grundlage sollte im Kurfürstentum sowohl Lutheranern als auch Reformierten Halt im Glauben geben.

Das Thema Sünde hatten sie ausführlich behandelt, denn vor der Reformation hatten die Menschen, auch die Reformatoren selber, gelernt, dass sie Sünder und auf die Gnadenmittel der römischen Kirche angewiesen seien. Nun mussten sie begreifen, dass sie durch Christus erlöste Sünder sind.

Die Arbeit war gut voran gekommen, und im späten Herbst des gleichen Jahres lud der Kurfürst alle Superintendenten und bedeutenden Kirchendiener – so nannte man die Pastoren – nach Heidelberg ein, um den Entwurf ausführlich zu diskutieren.

Nach der Versammlung waren Ursin und Olevian mit dem Ergebnis sehr zufrieden, es hatte keine grundsätzlichen Bedenken gegeben, nur einige Ergänzungen für die biblischen Begründungen einiger Fragen und Antworten. Und natürlich ein paar redaktionelle Änderungen, Vorschläge für griffigere Formulierungen. Der Kurfürst hatte allen für die Anregungen gedankt, vor allem und vor allen aber er den beiden jungen Männern für ihre gute Arbeit. Hatte auch nicht zu erwähnen vergessen, an wie vielen Sitzungen und Beratungen er teilgenommen hatte. Der erhoffte Applaus war nicht ausgeblieben.

Nach der Sitzung lud der Kurfürst die beiden Professoren zum Essen aufs Schloss ein. Ihm sei, sagte er, noch ein Gedanke gekommen, den er mit ihnen gern durchsprechen wolle. Sie möchten sich bitte in etwa einer Stunde im Schloss einfinden. Er verabschiedete sich, Ursin und Olevian vertraten sich die Beine am Ufer des Neckar, dann stiegen sie zum Schloss hinauf.

Schon als das Essen aufgetragen wurde, sagte der Kurfürst, ihm fehle an dem Entwurf noch etwas Wichtiges, nämlich so etwas wie eine kurze, knappe Zusammenfassung des Ganzen. Er wolle zwar noch ein Vorwort schreiben, aber es müsse – am besten gleich danach – etwas stehen, das den christlichen Glauben in einer einzigen Antwort zusammenfasse, eine Art Bekenntnis. „Ein neues Glaubensbekenntnis?“ fragte Olevian erschrocken, denn er wusste, welchen Streit es um das sogenannte apostolische Glaubensbekenntnis und erst recht um das nicäische gegeben hatte.

„Nicht jeder wird den ganzen Katechismus lernen“, meinte der Kurfürst, „ich möchte aber jeden Untertan jederzeit fragen können, worauf es im Glauben ankommt, und dann eine ordentliche Antwort erhalten. Doch jetzt lasst uns essen und trinken, man soll dem Esel, der da drischt, nicht das Maul verbinden.“ Er lachte schallend, die beiden Professoren lachten höflich mit. Als sie spät am Abend und mit leicht onduliertem Gang das Schloss verließen, sagte der Kurfürst ihnen noch, er erwarte das Ergebnis bis Jahresende. Dann wünschte er den beiden einen guten Heimweg und frohes Schaffen.

Die beiden verabredeten sich für den nächsten Tag. Ursin begrüßte seinen Kollegen mit der Frage, worauf er sich unbedingt verlassen könne. „Auf die Trinkfestigkeit des Kurfürsten“, antwortete der mit angerauter Stimme. „Nein, im Ernst“, beharrte Ursin, „worauf allein kannst du dich im Leben und im Sterben verlassen?“ – „Ach so“, begriff Olevian, „auf Jesus, den Christus natürlich. Auf nichts und niemanden sonst. Weder auf Engel noch auf Heilige, weder auf geistliche noch weltliche „Herren“, weder auf Ikonen noch auf Salböl noch auf Weihwasser. Willst du das hören? Aber lass mich doch erst einmal eintreten, es ist lausig kalt heute.“ Ursin trat beiseite, Olevian trat ein, beide gingen ins Studierzimmer, wo ein gemütliches Feuer brannte, und setzten sich. Ursin erzählte, er sei unerwartet früh wach geworden und habe über ihren Auftrag nachgedacht, habe auch schon eine Idee, nämlich: Christus habe das Verhältnis der Menschen zu Gott in Ordnung gebracht, habe statt ihrer Gottes Vertrag, seinen Bund mit ihnen erfüllt, so dass sie nicht mehr vertragsbrüchig werden könnten.

„Dann sollten wir damit beginnen, dass wir alles, was im neuen Testament über die Bedeutung Christi steht, in einem Satz zusammenfassen“, meinte Olevian. Ursin zögerte mit seiner Zustimmung, denn bisher begannen alle Bekenntnisse mit Gott dem Schöpfer. Aber – warum nicht etwas Neues wagen in so bewegten Zeiten! Außerdem, ging ihm auf, könne man so den Aufbau des ganzen Katechismus vorwegnehmen: Elend – Erlösung – Dankbarkeit. Die Frage müsse das Elend benennen, die Trostbedürftigkeit des Menschen, die Antwort dann von Erlösung und Dankbarkeit reden.

Olevian war von dem Vorschlag sehr angetan, griff zur Feder und schrieb: „Was ist deine einzige Hoffnung im Leben und im Sterben?“ „Hoffnung ist mir zu schwach“, wand Ursin ein, „Zuversicht wäre besser.“ – „Dann lass uns doch gleich vom Trost sprechen“, meinte Olevian, „Trost meint schließlich einerseits ‚Zuversicht,‘ andererseits aber auch ‚Vertrag, Bündnis,‘ jedenfalls etwas, worauf man sich ohne Wenn und Aber verlassen kann. Und darum geht es doch in dieser unzuverlässigen Welt.“ Olevian schrieb: „Was ist dein einziger Trost im Leben und im Sterben?“ und las die Frage vor. Ursin antwortete: „Dass Christus mein Herr ist. – Aber das müssen wir wenigstens etwas ausführen und begründen.“ Sie berieten sich eine gute Weile, dann notierte Olevian: „Dass ich mit Leib und Seele im Leben und im Sterben nicht mir, sondern meinem getreuen Heiland Jesus Christus gehöre. Er hat mit seinem teuren Blut für alle meine Sünden vollkommen bezahlt und mich aus aller Gewalt des Teufels erlöst.“

„Jetzt in einem zweiten Absatz von Gott reden, und zwar von Gott als Bewahrer und Erhalter, der mein Heil will; der ‚Bund und Treue hält ewiglich,‘ wie er es Noah versprochen hat“, schlug Ursin vor. Wieder berieten sie, dann formulierte Ursin, und Olevian notierte: „Er bewahrt mich so, dass ohne den Willen meines Vaters im Himmel kein Haar von meinem Haupt fallen kann, ja, dass mir alles zu meiner Seligkeit dienen muss" – „Alles?" fragte Olevian, „auch z. B. Krankheit?" – „Krankheit gehört zum Leben; wer nicht krank wird, ist nicht gesund! – sagte meine Oma immer" lautete Ursins Antwort, und Olevian verstummte.

Nun fehle nur noch die Dankbarkeit, stellte Olevian fest, und die hänge ja wohl mit dem heiligen Geist zusammen. Damit hätten sie dann die drei klassischen Teile eines Glaubensbekenntnisses zusammen, wenn auch in etwas anderer Reihenfolge. „Schreib doch einfach, dass Gott uns durch seinen Geist in die Lage versetzt, fortan ihm zu leben", meinte er. Darauf Ursin: Nicht fortan müsse es heißen, sondern forthin. M. a. W.: Nicht ab jetzt, sondern weiterhin." Das leuchtete Olevian sofort ein.

Sie beschlossen, das Ergebnis ihrer Arbeit zu Weihnachten beim Kurfürsten abzuliefern. Bald darauf bekamen sie von ihm eine Einladung zur Abschlussbesprechung am 6. Januar. Er wolle, begründete der Kurfürst den Termin, deutlich machen, dass dieser Tag der Verehrung von drei Königen oder Weisen, normalen Menschen also, nicht damit zu vereinbaren sei, dass allein Gott die Ehre gebühre. Darum solle es diesen Feiertag in seinem Land fortan nicht mehr geben.

Der Kurfürst zeigte sich dann hoch zufrieden mit dem, was Ursin und Olevian als Frage und Antwort eins des Katechismus formuliert hatten, und machte sich in den nächsten Tagen daran, das Vorwort zu schreiben. Darin stellt er fest, er habe es „für eine hohe Notdurft erachtet, ... einen summarischen Unterricht oder Katechismus unserer christlichen Religion auf dem Wort Gottes ... verfassen und stellen lassen. Damit fürbass nicht nur die Jugend in Kirchen und Schulen in solcher christlichen Lehre unterwiesen, sondern auch Prediger und Schulmeister selbst eine gewisse und beständige Form und Maß haben mögen, wie sie sich in der Unterweisung der Jugend verhalten sollen."

Danach verfügte er, dass das Buch unter dem Titel „Katechismus oder christlicher Unterricht wie er in Kirchen und Schulen der kurfürstlichen Pfalz getrieben wird“ erscheinen solle, unter dem Titel sei sein Wappen mitsamt Kurhut und Reichsapfel abzubilden. Damit, dachte er, bekäme das Buch einen regierungsamtlichen Charakter. Der Heidelberger Buchdrucker Johannes Meyer freute sich bald darauf über den Druckauftrag.

IV Der Wortlaut von 1563

Frage 1: Was ist dein einiger Trost im Leben und im Sterben?

Dass ich mit Leib und Seele, beides, im Leben und im Sterben, nicht mein, sondern meines getreuen Heilands Jesu Christi eigen bin, der mit seinem teuren Blut für alle meine Sünden vollkömmlich bezahlet und mich aus aller Gewalt des Teufels erlöset hat und also bewahret, dass ohne den Willen meines Vaters im Himmel kein Haar von meinem Haupt kann fallen, ja auch mir alles zu meiner Seligkeit dienen muß. Darum er mich auch durch seinen Heiligen Geist des ewigen Lebens versichert und ihm forthin zu leben von Herzen willig und bereit macht.

Frage 2: Wieviel Stücke sind dir nötig zu wissen, dass du in diesem Trost selig leben und sterben mögest?

Drei Stücke: erstlich, wie groß meine Sünde und Elend sei; zum anderen, wie ich von allen meinen Sünden und Elend erlöst werde; und zum dritten, wie ich Gott für solche Erlösung soll dankbar sein.

Der erste Teil

VON DES MENSCHEN ELEND

Frage 3: Woher erkennst du dein Elend?

Aus dem Gesetz Gottes.

Frage 4: Was fordert denn das göttliche Gesetz von uns?

Dies lehrt uns Christus in einer Summa Matthäus im 22. Kapitel:

Du sollst lieben Gott, deinen Herrn, von ganzem Herzen, von ganzer Seele, von ganzem Gemüt und allen Kräften. Dies ist das vornehmste und größte Gebot. Das andere aber ist dem gleich: Du sollst deinen Nächsten lieben als dich selbst.

In diesen zwei Geboten hanget das ganze Gesetz und die Propheten.

Frage 5: Kannst du dies alles vollkömmlich halten?

Nein; denn ich bin von Natur geneigt, Gott und meinen Nächsten zu hassen.

Frage 6: Hat denn Gott den Menschen also böse und verkehrt erschaffen?

Nein; sondern Gott hat den Menschen gut und nach seinem Ebenbild erschaffen, das ist, in wahrhaftiger Gerechtigkeit und Heiligkeit, auf dass er Gott, seinen Schöpfer, recht erkennte und von Herzen liebte und in ewiger Seligkeit mit ihm lebte, ihn zu loben und zu preisen.

Frage 7: Woher kommt denn solche verderbte Art des Menschen?

Aus dem Fall und Ungehorsam unserer ersten Eltern, Adam und Eva, im Paradies, da unsere Natur also vergiftet worden, dass wir alle in Sünden empfangen und geboren werden.

Frage 8: Sind wir aber dermaßen verderbt, dass wir ganz und gar untüchtig sind zu einigem Guten und geneigt zu allem Bösen?

Ja; es sei denn, dass wir durch den Geist Gottes wiedergeboren werden.

Frage 9: Tut denn Gott dem Menschen nicht unrecht, dass er in seinem Gesetz von ihm fordert, was er nicht tun kann?

Nein; denn Gott hat den Menschen also erschaffen, dass er es konnte tun; der Mensch aber hat sich und alle seine Nachkommen, aus Anstiftung des Teufels, durch mutwilligen Ungehorsam dieser Gaben beraubt.

Frage 10: Will Gott solchen Ungehorsam und Abfall ungestraft lassen hingehen?

Mitnichten; sondern er zürnet schrecklich, beides über angeborene und wirkliche Sünden, und will sie aus gerechtem Urteil zeitlich und ewig strafen, wie er gesprochen hat:

Verflucht sei jedermann, der nicht bleibet in alle dem, das geschrieben stehet in dem Buch des Gesetzes, dass er's tue.

Frage 11: Ist denn Gott nicht auch barmherzig?

Gott ist wohl barmherzig, er ist aber auch gerecht. Deshalb erfordert seine Gerechtigkeit, dass die Sünde, welche wider die allerhöchste Majestät Gottes begangen ist, auch mit der höchsten, das ist der ewigen Strafe an Leib und Seele gestraft werde.

Der zweite Teil

VON DES MENSCHEN ERLÖSUNG

Frage 12: Weil wir denn nach dem gerechten Urteil Gottes zeitliche und ewige Strafe verdient haben, wie möchten wir dieser Strafe entgehen und wiederum zu Gnaden kommen?

Gott will, dass seiner Gerechtigkeit genug geschehe; deswegen müssen wir derselben entweder durch uns selbst oder durch einen anderen vollkommene Bezahlung tun.

Frage 13: Können wir aber durch uns selbst Bezahlung tun?

Mitnichten; sondern wir machen auch die Schuld noch täglich größer.

Frage 14: Kann aber irgendeine bloße Kreatur für uns bezahlen?

Keine; denn erstlich will Gott an keiner anderen Kreatur strafen, was der Mensch verschuldet hat; zum andern, so kann auch keine bloße Kreatur die Last des ewigen Zornes Gottes wider die Sünde ertragen und andere davon erlösen.

Frage 15: Was müssen wir denn für einen Mittler und Erlöser suchen?

Einen solchen, der ein wahrer und gerechter Mensch und doch stärker denn alle Kreaturen, das ist, zugleich wahrer Gott sei.

Frage 16: Warum muß er ein wahrer und gerechter Mensch sein?

Darum, dass die Gerechtigkeit Gottes erfordert dass die menschliche Natur, die gesündigt hat, für die Sünde bezahle; aber einer, der selber ein Sünder wäre, nicht könnte für andere bezahlen.

Frage 17: Warum muß er zugleich wahrer Gott sein?

Auf dass er aus Kraft seiner Gottheit die Last des Zornes Gottes an seiner Menschheit ertragen und uns die Gerechtigkeit und das Leben erwerben und wiedergeben möchte.

Frage 18: Wer ist aber derselbe Mittler, der zugleich wahrer Gott und ein wahrer, gerechter Mensch ist?

Unser Herr Jesus Christus, der uns zur vollkommenen Erlösung und Gerechtigkeit geschenkt ist.

Frage 19: Woher weißt du das?

Aus dem heiligen Evangelium, welches Gott selbst anfänglich im Paradies hat geoffenbart; folgends durch die heiligen Erzväter und Propheten lassen verkündigen und durch die Opfer und andere Zeremonien des Gesetzes vorgebildet; endlich aber durch seinen eingeliebten Sohn erfüllt.

Frage 20: Werden denn alle Menschen wiederum durch Christus selig, wie sie durch Adam sind verloren worden?

Nein; sondern allein diejenigen, die durch wahren Glauben ihm werden eingeleibt und alle seine Wohltaten annehmen.

Frage 21: Was ist wahrer Glaube?

Es ist nicht allein eine gewisse Erkenntnis, dadurch ich alles für wahr halte, was uns Gott in seinem Wort hat geoffenbart, sondern auch ein herzliches Vertrauen, welches der Heilige Geist durch das Evangelium in mir wirkt, dass nicht allein andern, sondern auch mir Vergebung der Sünden, ewige Gerechtigkeit und Seligkeit von Gott geschenkt sei, aus lauter Gnaden, allein um des Verdienstes Christi willen.

Frage 22: Was ist aber einem Christen not zu glauben?

Alles, was uns im Evangelium verheißen wird, welches uns die Artikel unseres allgemeinen, ungezweifelten christlichen Glaubens in einer Summa lehren.

Frage 23: Wie lauten dieselben?

Ich glaube an Gott Vater, den Allmächtigen, Schöpfer Himmels und der Erden.

Und an Jesus Christus, seinen eingeborenen Sohn, unsern Herrn, der empfangen ist von dem Heiligen Geist, geboren aus Maria der Jungfrau, gelitten unter Pontius Pilatus, gekreuzigt, gestorben und begraben, abgestiegen zu der Hölle, am dritten Tage wieder auferstanden von den Toten, aufgefahren gen Himmel, sitzet zu der Rechten Gottes, des allmächtigen Vaters, von dannen er kommen wird, zu richten die Lebendigen und die Toten.

Ich glaube an den Heiligen Geist, eine heilige, allgemeine christliche Kirche, die Gemeinschaft del Heiligen, Vergebung der Sünden, Auferstehung des Fleisches und ein ewiges Leben.

Frage 24: Wie werden diese Artikel abgeteilt?

In drei Teile: Der erste ist von Gott dem Vater und unserer Erschaffung; der andere von Gott dem Sohn und unserer Erlösung; der dritte von Gott dem Heiligen Geist und unserer Heiligung.

Frage 25: Dieweil nur ein einig göttliches Wesen ist, warum nennst du drei: den Vater, Sohn und Heiligen Geist?

Darum, dass sich Gott also in seinem Wort geoffenbaret hat, dass diese drei unterschiedlichen Personen der einige, wahrhaftige, ewige Gott sind.

VON GOTT DEM VATER

Frage 26: Was glaubst du, wenn du sprichst: Ich glaube an Gott Vater, den Allmächtigen, Schöpfer Himmels und der Erden?

Dass der ewige Vater unseres Herrn Jesu Christi, der Himmel und Erde samt allem, was darinnen ist, aus nichts erschaffen, auch dieselbigen noch durch seinen ewigen Rat und Vorsehung erhält und regiert, um seines Sohnes Christi willen mein Gott und mein Vater sei, auf welchen ich also vertraue, dass ich nicht zweifle, er werde mich mit aller Notdurft Leibes und der Seele versorgen, auch alles Übel, so er mir in diesem Jammertal zuschickt, mir zu gut wenden; dieweil er's tun kann als ein allmächtiger Gott, und auch tun will als ein getreuer Vater.

Frage 27: Was verstehst du unter der Vorsehung Gottes?

Die allmächtige und gegenwärtige Kraft Gottes, durch welche er Himmel und Erde samt allen Kreaturen gleich als mit seiner Hand noch erhält und also regiert, dass Laub und Gras, Regen und Dürre, fruchtbare und unfruchtbare Jahre, Essen und Trinken, Gesundheit und Krankheit, Reichtum und Armut und alles nicht von ungefähr, sondern von seiner väterlichen Hand uns zukomme.

Frage 28: Was für Nutzen bekommen wir aus der Erkenntnis der Schöpfung und Vorsehung Gottes?

Dass wir in aller Widerwärtigkeit geduldig, in Glückseligkeit dankbar, und auf's Zukünftige guter Zuversicht zu unserm getreuen Gott und Vater sein sollen, dass uns keine Kreatur von seiner Liebe scheiden wird, weil alle Kreaturen also in seiner Hand sind, dass sie sich ohne seinen Willen auch nicht regen noch bewegen können.

VON GOTT DEM SOHN

Frage 29: Warum wird der Sohn Gottes Jesus, das ist Seligmacher, genannt?

Darum, dass er uns selig macht von unsern Sünden, und dass bei keinem andern einige Seligkeit zu suchen noch zu finden ist.

Frage 30: Glauben denn die auch an den einigen Seligmacher Jesus, die ihre Seligkeit und Heil bei Heiligen, bei sich selbst oder anderswo suchen?

Nein; sondern sie verleugnen mit der Tat den einigen Seligmacher und Heiland Jesus, ob sie sich sein gleich rühmen. Denn entweder muß Jesus nicht ein vollkommener Heiland sein, oder, die diesen Heiland mit wahrem Glauben annehmen, müssen alles in ihm haben, das zu ihrer Seligkeit vonnöten ist.

Frage 31: Warum ist er Christus, das ist ein Gesalbter, genannt?

Weil er von Gott dem Vater verordnet und mit dem Heiligen Geist gesalbt ist zu unserm obersten Propheten und Lehrer, der uns den heimlichen Rat und Willen Gottes von unserer Erlösung vollkömmlich offenbaret; und zu unserem einigen Hohenpriester, der uns mit dem einigen Opfer seines Leibes erlöset hat und immerdar mit seiner Fürbitte vor dem Vater vertritt; und zu unserm ewigen König, der uns mit seinem Wort und Geist regiert, und bei der erworbenen Erlösung schützet und erhält.

Frage 32: Warum wirst aber du ein Christ genannt?

Weil ich durch den Glauben ein Glied Christi und also seiner Salbung teilhaftig bin, auf dass auch ich seinen Namen bekenne, mich ihm zu einem lebendigen Dankopfer darstelle und mit freiem Gewissen in diesem Leben wider die Sünde und den Teufel streite und hernach in Ewigkeit mit ihm über alle Kreatur herrsche.

Frage 33: Warum heißt er Gottes eingeborener Sohn, so doch wir auch Kinder Gottes sind?

Darum, dass Christus allein der ewige, natürliche Sohn Gottes ist, wir aber um seinetwillen aus Gnaden zu Kindern Gottes angenommen sind.

Frage 34: Warum nennst du ihn unsern Herrn?

Weil er uns mit Leib und Seele von der Sünde und aus aller Gewalt des Teufels, nicht mit Gold oder Silber, sondern mit seinem teuren Blut ihm zum Eigentum erlöset und erkauft hat.

Frage 35: Was heißt, dass er empfangen ist von dem Heiligen Geist, geboren aus Maria der Jungfrau?

Dass der ewige Sohn Gottes, der wahrer und ewiger Gott ist und bleibt, wahre menschliche Natur aus dem Fleisch und Blut der Jungfrau Maria durch

Wirkung des Heiligen Geistes an sich genommen hat, auf dass er auch der wahre Same Davids sei, seinen Brüdern in allem gleich, ausgenommen die Sünde.

Frage 36: Was für Nutzen bekommst du aus der heiligen Empfängnis und Geburt Christi?

Dass er unser Mittler ist und mit seiner Unschuld und vollkommenen Heiligkeit meine Sünde, darin ich bin empfangen, vor Gottes Angesicht bedecket.

Frage 37: Was verstehst du unter dem Wörtlein "gelitten"?

Dass er an Leib und Seele die ganze Zeit seines Lebens auf Erden, sonderlich aber am Ende desselben, den Zorn Gottes wider die Sünde des ganzen menschlichen Geschlechts getragen hat, auf dass er mit seinem Leiden, als mit dem einigen Sühnopfer, unsern Leib und unsere Seele von der ewigen Verdammnis erlöste und uns Gottes Gnade, Gerechtigkeit und ewiges Leben erwürbe.

Frage 38: Warum hat er unter dem Richter Pontius Pilatus gelitten?

Auf dass er unschuldig unter dem weltlichen Richter verdammt würde und uns damit von dem strengen Urteil Gottes, das über uns ergehen sollte, erledigte.

Frage 39: Ist es etwas mehr, dass er gekreuzigt worden, denn so er eines andern Todes gestorben wäre?

Ja; denn dadurch bin ich gewiss, dass er die Vermaledeiung, die auf mir lag, auf sich geladen habe, dieweil der Tod des Kreuzes von Gott verflucht war.

Frage 40: Warum hat Christus den Tod müssen leiden?

Darum, dass wegen der Gerechtigkeit umd Wahrheit Gottes nicht anders für unsere Sünde mochte bezahlt werden, denn durch den Tod des Sohnes Gottes.

Frage 41: Warum ist er begraben worden?

Damit zu bezeugen, dass er wahrhaftig gestorben sei.

Frage 42: Weil denn Christus für uns gestorben ist, wie kommt es, dass wir auch sterben müssen?

Unser Tod ist nicht eine Bezahlung für unsere Sünde, sondern nur eine Absterbung der Sünden und Eingang zum ewigen Leben.

Frage 43: Was bekommen wir mehr für Nutzen aus dem Opfer und Tod Christi am Kreuz?

Dass durch seine Kraft unser alter Mensch mit ihm gekreuzigt, getötet und begraben wird, auf dass die bösen Lüste des Fleisches nicht mehr in uns regieren, sondern dass wir uns selbst ihm zur Danksagung aufopfern.

Frage 44: Warum folgt: abgestiegen zu der Hölle?

Dass ich in meinen höchsten Anfechtungen versichert sei, mein Herr Christus habe mich durch seine unaussprechliche Angst Schmerzen und Schrecken, die er auch an seiner Seele am Kreuz und zuvor erlitten, von der höllischen Angst und Pein erlöset.

Frage 45: Was nützet uns die Auferstehung Christi?

Erstlich hat er durch seine Auferstehung den Tod überwunden, dass er uns der Gerechtigkeit, die er uns durch seinen Tod erworben hat, konnte teilhaftig machen. Zum andern werden wir auch jetzt durch seine Kraft erweckt zu einem neuen Leben. Zum dritten ist uns die Auferstehung Christi ein gewisses Pfand unserer seligen Auferstehung.

Frage 46: Wie verstehst du, dass er ist gen Himmel gefahren?

Dass Christus vor den Augen seiner Jünger ist von der Erde aufgehoben gen Himmel und uns zugut daselbst ist, bis dass er wiederkommt zu richten die Lebendigen und die Toten.

Frage 47: Ist denn Christus nicht bei uns bis ans Ende der Welt, wie er uns verheißen hat?

Christus ist wahrer Mensch und wahrer Gott. Nach seiner menschlichen Natur ist er jetzt nicht auf Erden; aber nach seiner Gottheit, Majestät, Gnade und Geist weicht er nimmer von uns.

Frage 48: Werden aber auf die Weise die zwei Naturen in Christo nicht voneinander getrennt, so die Menschheit nicht überall ist, da die Gottheit ist?

Mitnichten; denn weil die Gottheit unbegreiflich und allenthalben gegenwärtig ist, so muß folgen, dass sie wohl außerhalb ihrer angenommenen Menschheit und dennoch nichtsdestoweniger auch in derselben ist, und persönlich mit ihr vereinigt bleibt.

Frage 49: Was nützet uns die Himmelfahrt Christi?

Erstlich, dass er im Himmel vor dem Angesicht seines Vaters unser Fürsprecher ist. Zum andern, dass wir unser Fleisch im Himmel zu einem sichern Pfand haben, dass er, als das Haupt, uns, seine Glieder, auch zu sich werde hinaufnehmen. Zum dritten, dass er uns seinen Geist zum Gegenpfand herabsendet, durch welches Kraft wir suchen, was droben ist, da Christus ist, sitzend zu der Rechten Gottes, und nicht, das auf Erden ist.

Frage 50: Warum wird hinzugesetzt, dass er sitze zur Rechten Gottes?

Weil Christus darum gen Himmel gefahren ist, dass er sich daselbst erzeige als das Haupt seiner christlichen Kirche, durch welches der Vater alles regiert.

Frage 51: Was nützet uns diese Herrlichkeit unseres Hauptes Christus?

Erstlich, dass er durch seinen Heiligen Geist in uns, seine Glieder, die himmlischen Gaben ausgießt. Darnach, dass er uns mit seiner Gewalt wider alle Feinde schützet und erhält.

Frage 52: Was tröstet dich die Wiederkunft Christi, zu richten die Lebendigen und die Toten?

Dass ich in aller Trübsal und Verfolgung mit aufgerichtetem Haupt eben des Richters, der sich zuvor dem Gerichte Gottes für mich dargestellt und alle Vermaledeiung von mir hinweggenommen hat, aus dem Himmel gewärtig bin, dass er alle seine und meine Feinde in die ewige Verdammnis werfe, mich aber samt allen Auserwählten zu sich in die himmlische Freude und Herrlichkeit nehme.

VON GOTT DEM HEILIGEN GEIST

Frage 53: Was glaubst du vom Heiligen Geist?

Erstlich, dass er gleich ewiger Gott mit dem Vater und dem Sohn ist. Zum andern, dass er auch mir gegeben ist, mich durch wahren Glauben Christi und aller seiner Wohltaten teilhaftig macht, mich tröstet und bei mir bleiben wird bis in Ewigkeit.

Frage 54: Was glaubst du von der heiligen, allgemeinen, christlichen Kirche?

Dass der Sohn Gottes aus dem ganzen menschlichen Geschlecht sich eine auserwählte Gemeinde zum ewigen Leben, durch seinen Geist und Wort, in Einigkeit des wahren Glaubens von Anbeginn der Welt bis ans Ende versammle, schütze und erhalte, und dass ich derselben ein lebendiges Glied bin und ewig bleiben werde.

Frage 55: Was verstehst du unter der Gemeinschaft der Heiligen?

Erstlich, dass alle und jede Gläubigen als Glieder an dem Herrn Christo und allen seinen Schätzen und Gaben Gemeinschaft haben. Zum andern, dass ein jeder seine Gaben zu Nutz und Heil der andern Glieder willig und mit Freuden anzulegen, sich schuldig wissen soll.

Frage 56: Was glaubst du von der Vergebung der Sünden?

Dass Gott um der Genugtuung Christi willen aller meiner Sünden, auch der sündlichen Art, mit der ich mein Leben lang zu streiten habe, nimmermehr gedenken will, sondern mir die Gerechtigkeit Christi aus Gnaden schenkt, dass ich ins Gericht nimmermehr soll kommen.

Frage 57: Was tröstet dich die Auferstehung des Fleisches?

Dass nicht allein meine Seele nach diesem Leben alsbald zu Christus, ihrem Haupt, genommen wird, sondern auch, dass dies mein Fleisch durch die Kraft Christi auferweckt, wieder mit meiner Seele vereinigt und dem herrlichen Leibe Christi gleichförmig werden soll.

Frage 58: Was tröstet dich der Artikel vom ewigen Leben?

Dass, nachdem ich jetzt den Anfang der ewigen Freude in meinem Herzen empfinde, ich nach diesem Leben vollkommene Seligkeit besitzen werde, die kein Auge gesehen, kein Ohr gehört, und in keines Menschen Herz nie gekommen ist, Gott ewiglich darin zu preisen.

Frage 59: Was hilft es dir aber nun, wenn du dies alles glaubest?

Dass ich in Christus vor Gott gerecht und ein Erbe des ewigen Lebens bin.

Frage 60: Wie bist du gerecht vor Gott?

Allein durch wahren Glauben an Jesus Christus also: dass, ob mich schon mein Gewissen anklagt, dass ich wider alle Gebote Gottes schwerlich gesündigt und derselben keines nie gehalten habe, auch noch immerdar zu allem Bösen geneigt bin, doch Gott, ohne all mein Verdienst aus lauter Gnaden, mir die vollkommene Genugtuung, Gerechtigkeit und Heiligkeit Christi schenkt und zurechnet, als hätte ich nie eine Sünde begangen noch gehabt und selbst all den Gehorsam vollbracht, den Christus für mich hat geleistet, wenn ich allein solche Wohltat mit gläubigem Herzen annehme.

Frage 61: Warum sagst du, dass du allein durch den Glauben gerecht seiest?

Nicht, dass ich wegen der Würdigkeit meines Glaubens Gott gefalle; sondern darum, dass allein die Genugtuung, Gerechtigkeit und Heiligkeit Christi meine Gerechtigkeit vor Gott ist, und ich dieselbe nicht anders, denn allein durch den Glauben annehmen und mir zueignen kann.

Frage 62: Warum können aber unsere guten Werke nicht die Gerechtigkeit vor Gott oder ein Stück derselben sein?

Darum, dass die Gerechtigkeit, die vor Gottes Gericht bestehen soll, durchaus vollkommen und dem göttlichen Gesetz ganz gleichförmig sein muß; aber auch unsere besten Werke in diesem Leben alle unvollkommen und mit Sünden befleckt sind.

Frage 63: Verdienen aber unsere guten Werke nichts, so sie doch Gott in diesem und dem zukünftigen Leben will belohnen?

Diese Belohnung geschieht nicht aus Verdienst, sondern aus Gnaden.

Frage 64: Macht aber diese Lehre nicht sorglose und verruchte Leute?

Nein; denn es ist unmöglich, dass die, so Christo durch wahren Glauben sind eingepflanzt, nicht Frucht der Dankbarkeit sollen bringen.

VON DEN HEILIGEN SAKRAMENTEN

Frage 65: Dieweil denn allein der Glaube uns Christi und aller seiner Wohltaten teilhaftig macht, woher kommt solcher Glaube?

Der Heilige Geist wirkt denselben in unsern Herzen durch die Predigt des heiligen Evangeliums und bestätigt ihn durch den Gebrauch der heiligen Sakramente.

Frage 66: Was sind die Sakramente?

Es sind sichtbare heilige Wahrzeichen und Siegel, von Gott dazu eingesetzt, dass er uns durch den Gebrauch derselben die Verheißung des Evangeliums desto besser zu verstehen gebe und versiegle: nämlich, dass er uns wegen des einigen Opfers Christi, am Kreuz vollbracht, Vergebung der Sünden und ewiges Leben aus Gnaden schenke.

Frage 67: Sind denn beide, das Wort und die Sakramente, dahin gerichtet, dass sie unsern Glauben auf das Opfer Jesu Christi am Kreuz, als auf den einigen Grund unserer Seligkeit, weisen?

Ja freilich; denn der Heilige Geist lehrt im Evangelium und bestätigt durch die heiligen Sakramente, dass unsere ganze Seligkeit stehe in dem einigen Opfer Christi, für uns am Kreuz geschehen.

Frage 68: Wieviel Sakramente hat Christus im Neuen Testament eingesetzt?

Zwei, die heilige Taufe und das heilige Abendmahl.

VON DER HEILIGEN TAUFE

Frage 69: Wie wirst du in der heiligen Taufe erinnert und versichert, dass das einige Opfer Christi am Kreuz dir zugut kommt?

Also, dass Christus dies äußerliche Wasserbad eingesetzt und dabei verheißen hat, dass ich so gewiss mit seinem Blut und Geist von der Unreinigkeit meiner Seele, das ist von allen meinen Sünden, gewaschen sei, so gewiss ich äußerlich mit dem Wasser, welches die Unsauberkeit des Leibes pflegt hinwegzunehmen, gewaschen bin.

Frage 70: Was heißt: mit dem Blut und Geist Christi gewaschen sein?

Es heißt: Vergebung der Sünden von Gott aus Gnaden haben um des Blutes Christi willen, welches er in seinem Opfer am Kreuz für uns vergossen hat; darnach auch durch den Heiligen Geist erneuert und zu einem Glied Christi geheiligt sein, dass wir je länger je mehr den Sünden absterben und in einem gottseligen unsträflichen Leben wandeln.

Frage 71: Wo hat Christus verheißen, dass wir so gewiss mit seinem Blut und Geist, als mit dem Taufwasser gewaschen sind?

In der Einsetzung der Taufe, welche also lautet:

Gehet hin und lehret alle Völker, und taufet sie im Namen des Vaters und des Sohnes und des Heiligen Geistes.

Wer da glaubet und getauft wird, der wird selig werden, wer aber nicht glaubt, der wird verdammt werden.

Diese Verheißung wird auch wiederholt, da die Schrift die Taufe das Bad der Wiedergeburt und die Abwaschung der Sünden nennt.

Frage 72: Ist denn das äußerliche Wasserbad die Abwaschung der Sünden selbst?

Nein; denn allein das Blut Jesu Christi und der Heilige Geist reinigt uns von allen Sünden.

Frage 73: Warum nennt denn der Heilige Geist die Taufe das Bad der Wiedergeburt und die Abwaschung der Sünden?

Gott redet also nicht ohne große Ursache: nämlich, nicht allein, dass er uns damit will lehren, dass, gleichwie die Unsauberkeit des Leibes durch Wasser, also unsere Sünden durchs Blut und Geist Christi hinweggenommen werden: sondern vielmehr, dass er uns durch dies göttliche Pfand und Wahrzeichen will versichern, dass wir so wahrhaftig von unsern Sünden geistlich gewaschen sind, als wir mit dem leiblichen Wasser gewaschen werden.

Frage 74: Soll man auch die jungen Kinder taufen?

Ja; denn dieweil sie sowohl als die Alten in den Bund Gottes und seine Gemeinde gehören und ihnen in dem Blut Christi die Erlösung von Sünden und der Heilige Geist, welcher den Glauben wirket, nicht weniger denn den Alten zugesagt wird: so sollen sie auch durch die Taufe, als des Bundes Zeichen, der christlichen Kirche eingeleibt und von der Ungläubigen Kinder unterschieden werden, wie im Alten Testament durch die Beschneidung geschehen ist, an welcher Statt im Neuen Testament die Taufe ist eingesetzt.

VOM HEILIGEN ABENDMAHL JESU CHRISTI

Frage 75: Wie wirst du im heiligen Abendmahl erinnert und versichert, dass du an dem einigen Opfer Christi am Kreuz und allen seinen Gütern Gemeinschaft habest?

Also, dass Christus mir und allen Gläubigen von diesem gebrochenen Brot zu essen und von diesem Kelch zu trinken befohlen hat zu seinem Gedächtnis, und dabei verheißen: Erstlich, dass sein Leib so gewiss für mich am Kreuz geopfert und gebrochen und sein Blut für mich vergossen sei, so gewiss ich mit Augen sehe, dass das Brot des Herrn mir gebrochen und der Kelch mir mitgeteilt wird; und zum andern, dass er selbst meine Seele mit seinem gekreuzigten Leib und vergossenen Blut so gewiss zum ewigen Leben speise und tränke, als ich aus der Hand des Dieners empfange und leiblich genieße das Brot und den Kelch des Herrn, welche mir als gewisse Wahrzeichen des Leibes und Bluts Christi gegeben werden.

Frage 76: Was heißt den gekreuzigten Leib Christi essen und sein vergossenes Blut trinken?

Es heißt nicht allein mit gläubigem Herzen das ganze Leiden und Sterben Christi annehmen und dadurch Vergebung der Sünden und ewiges Leben bekommen, sondern auch daneben durch den Heiligen Geist, der zugleich in Christus und in uns wohnt, also mit seinem gebenedeiten Leibe je mehr und mehr vereinigt werden, dass wir, obgleich er im Himmel und wir auf Erden sind, dennoch Fleisch von seinem Fleisch und Bein von seinem Bein sind, und von einem Geist (wie die Glieder unseres Leibes von einer Seele) ewig leben und regiert werden.

Frage 77: Wo hat Christus verheißen, dass er die Gläubigen so gewiss also mit seinem Leib und Blut speise und tränke, als sie von diesem gebrochenen Brot essen und von diesem Kelch trinken?

In der Einsetzung des Abendmahls, welche also lautet:

Unser Herr Jesus, in der Nacht, da er verraten ward, nahm er das Brot, dankte und brach's und sprach: Nehmet, esset, das ist mein Leib, der für euch gebrochen wird, solches tut zu meinem Gedächtnis. Desselbigen gleichen auch den Kelch, nach dem Abendmahl, und sprach: Dieser Kelch ist das neue Testament in meinem Blut, solches tut, so oft ihr's trinket, zu meinem Gedächtnis. Denn so oft ihr von diesem Brot esset und von diesem Kelch trinket, sollt ihr des Herrn Tod verkündigen, bis dass er kommt.

Und diese Verheißung wird auch wiederholt durch Sankt Paulus, da er spricht:

Der Kelch der Danksagung, damit wir danksagen, ist er nicht die Gemeinschaft des Blutes Christi? Das Brot, das wir brechen, ist das nicht die Gemeinschaft des Leibes Chnsti? Denn ein Brot ist's, so sind wir viele ein Leib, dieweil wir alle eines Brotes teilhaftig sind.

Frage 78: Wird denn aus Brot und Wein der wesentliche Leib und das Blut Christi?

Nein; sondern wie das Wasser in der Taufe nicht in das Blut Christi verwandelt oder die Abwaschung der Sünden selbst wird, deren es allein ein göttlich Wahrzeichen und Versicherung ist: also wird auch das heilige Brot im Abendmahl nicht der Leib Christi selbst, wiewohl es nach Art und Brauch der Sakramente der Leib Christi genannt wird.

Frage 79: Warum nennt denn Christus das Brot seinen Leib, und den Kelch sein Blut, oder das Neue Testament in seinem Blut, und Sankt Paulus die Gemeinschaft des Leibes und Blutes Jesu Christi?

Christus redet also nicht ohne große Ursache: nämlich, dass er uns nicht allein damit will lehren, dass, gleichwie Brot und Wein das zeitliche Leben erhalten, also sei auch sein gekreuzigter Leib und vergossenes Blut die wahre Speise und Trank unserer Seelen zum ewigen Leben; sondern vielmehr, dass er uns durch dies sichtbare Zeichen und Pfand will versichern, dass wir so wahrhaftig seines wahren Leibes und Blutes durch Wirkung des Heiligen

Geistes teilhaftig werden, als wir diese heiligen Wahrzeichen mit dem leiblichen Mund zu seinem Gedächtnis empfangen; und dass all sein Leiden und Gehorsam so gewiss unser eigen sei, als hätten wir selbst in unserer eigenen Person alles gelitten und genug getan.

Frage 80: Was ist für ein Unterschied zwischen dem Abendmahl des Herrn und der päpstlichen Messe?

Das Abendmahl bezeugt uns, dass wir vollkommene Vergebung aller unserer Sünden haben durch das einige Opfer Jesu Christi, so er selbst einmal am Kreuz vollbracht hat; und dass wir durch den Heiligen Geist Christo werden eingeleibt, der jetzt mit seinem wahren Leib im Himmel und zur Rechten des Vaters ist und daselbst will angebetet werden. Die Messe aber lehrt, dass die Lebendigen und die Toten nicht durch das Leiden Christi Vergebung der Sünden haben, es sei denn, dass Christus noch täglich für sie von den Messpriestern geopfert werde, und dass Christus leiblich unter der Gestalt des Brotes und Weines sei, und deshalb darin soll angebetet werden. Und ist also die Messe im Grunde nichts anderes, als eine Verleugnung des einigen Opfers und Leidens Jesu Christi und eine vermaledeite Abgötterei.

Frage 81: Welche sollen zu dem Tisch des Herrn kommen?

Die sich selbst um ihrer Sünden willen missfallen und doch vertrauen, dass dieselben ihnen verziehen und die übrige Schwachheit mit dem Leiden und Sterben Christi bedeckt sei; begehren auch, je mehr und mehr ihren Glauben zu stärken und ihr Leben zu bessern. Die Unbußfertigen aber und Heuchler essen und trinken sich selbst das Gericht.

Frage 82: Sollen aber zu diesem Abendmahl auch zugelassen werden, die sich mit ihrem Bekenntnis und Leben als Ungläubige und Gottlose erzeigen?

Nein; denn es wird also der Bund Gottes geschmäht und sein Zorn über die ganze Gemeinde gereizt, deshalb die christliche Kirche schuldig ist, nach der Ordnung Christi und seiner Apostel, solche bis zur Besserung ihres Lebens durch das Amt der Schlüssel auszuschließen.

Frage 83: Was ist das Amt der Schlüssel?

Die Predigt des heiligen Evangeliums und die christliche Bußzucht, durch welche beiden Stücke das Himmelreich den Gläubigen aufgeschlossen und den Ungläubigen zugeschlossen wird.

Frage 84: Wie wird das Himmelreich durch die Predigt des heiligen Evangeliums auf- und zugeschlossen?

Also, dass nach dem Befehl Christi allen und jeden Gläubigen verkündigt und öffentlich bezeugt wird, dass ihnen, sooft sie die Verheißung des Evangeliums mit wahrem Glauben annehmen, wahrhaftig alle ihre Sünden von Gott um des Verdienstes Christi willen vergeben sind; und hinwiederum allen Ungläubigen und Heuchlern, dass der Zorn Gottes und die ewige Verdammnis auf ihnen liegt, solange sie sich nicht bekehren. Nach welchem Zeugnis des Evangeliums Gott beide in diesem und dem zukünftigen Leben urteilen will.

Frage 85: Wie wird das Himmelreich zu- und aufgeschlossen durch die christliche Bußzucht?

Also, dass nach dem Befehl Christi diejenigen, so unter dem christlichen Namen unchristliche Lehre oder Wandel führen, nachdem sie etliche Mal brüderlich vermahnt sind und von ihren Irrtümern oder Lastern nicht abstehen, der Kirche, oder denen, so von der Kirche dazu verordnet sind, angezeigt und, wenn sie sich an derselben Vermahnung auch nicht kehren, von ihnen durch Verbietung der heiligen Sakramente aus der christlichen Gemeinde und von Gott selbst aus dem Reich Christi werden ausgeschlossen; und wiederum als Glieder Christi und der Kirche angenommen, wenn sie wahre Besserung verheißen und erzeigen.

Der dritte Teil

VON DER DANKBARKEIT

Frage 86: Dieweil wir denn aus unserm Elend ohne all unsere Verdienste aus Gnaden durch Christus erlöst sind, warum sollen wir gute Werke tun?

Darum, dass Christus, nachdem er uns mit seinem Blut erkauft hat, uns auch durch seinen Heiligen Geist erneuert zu seinem Ebenbild, dass wir mit unserm ganzen Leben uns dankbar gegen Gott für seine Wohltaten erzeigen, und er durch uns gepriesen werde. Darnach auch, dass wir bei uns selbst unsers Glaubens aus seinen Früchten gewiss seien, und mit unserem gottseligen Wandel unsere Nächsten auch Christo gewinnen.

Frage 87: Können denn die nicht selig werden, die sich von ihrem undankbaren, unbußfertigen Wandel zu Gott nicht bekehren?

Keineswegs; denn, wie die Schrift sagt: Kein Unkeuscher, Abgöttischer, Ehebrecher, Dieb, Geiziger, Trunkenbold, Lästerer, Räuber und dergleichen wird das Reich Gottes erben.

Frage 88: In wie viel Stücken stehet die wahrhaftige Buße oder Bekehrung des Menschen?

In zwei Stücken: In Absterbung des alten und Auferstehung des neuen Menschen.

Frage 89: Was ist die Absterbung des alten Menschen?

Sich die Sünde von Herzen lassen leid sein und dieselbe je länger je mehr hassen und fliehen.

Frage 90: Was ist die Auferstehung des neuen Menschen?

Herzliche Freude in Gott durch Christus, und Lust und Liebe haben nach dem Willen Gottes, in allen guten Werken zu leben.

Frage 91: Welches sind aber gute Werke?

Allein die aus wahrem Glauben nach dem Gesetz Gottes ihm zu Ehren geschehen; und nicht, die auf unser Gutdünken oder Menschensatzung gegründet sind.

Frage 92: Wie lautet das Gesetz des Herrn?

Gott redete alle diese Worte:

Das erste Gebot.

Ich bin der Herr, dein Gott, der ich dich aus Ägyptenland, aus dem Diensthause, geführt habe. Du sollst keine andern Götter neben mir haben.

Das andere.

Du sollst dir kein Bildnis noch irgendein Gleichnis machen, weder des, das oben im Himmel, noch des, das unten auf Erden, oder des, das im Wasser unter der Erde ist. Du sollst sie nicht anbeten noch ihnen dienen. Denn ich, der Herr, dein Gott, bin ein starker, eifriger Gott, der die Missetat der Väter heimsucht an den Kindern bis ins dritte und vierte Glied, derer, die mich hassen, und tue Barmherzigkeit an vielen Tausenden, die mich lieben und meine Gebote halten.

Das dritte.

Du sollst den Namen des Herrn deines Gottes nicht missbrauchen; denn der Herr wird den nicht ungestraft lassen, der seinen Namen missbraucht.

Das vierte.

Gedenke des Sabbattages, dass du ihn heiligest. Sechs Tage sollst du arbeiten und alle deine Werke tun; aber am siebenten Tage ist der Sabbat des Herrn, deines Gottes, da sollst du keine Arbeit tun, noch dein Sohn, noch deine Tochter, noch dein Knecht, noch deine Magd, noch dein Vieh, noch der Fremdling, der in deinen Toren ist. Denn in sechs Tagen hat der Herr Himmel und Erde gemacht und das Meer, und alles, was darinnen ist, und ruhte am siebenten Tage. Darum segnete der Herr den Sabbattag und heiligte ihn.

Das fünfte.

Du sollst deinen Vater und deine Mutter ehren, auf dass du lange lebest in dem Lande, das dir der Herr, dein Gott, gibt.

Das sechste.

Du sollst nicht töten.

Das siebente.

Du sollst nicht ehebrechen.

Das achte.

Du sollst nicht stehlen.

Das neunte.

Du sollst kein falsch Zeugnis reden wider deinen Nächsten.

Das zehnte.

Lass dich nicht gelüsten deines Nächsten Hauses. Lass dich nicht gelüsten deines Nächsten Weibes, noch seines Knechts, noch seiner Magd, noch seines Ochsen, noch seines Esels, noch alles, was dein Nächster hat.

Frage 93: Wie werden diese Gebote eingeteilt?

In zwei Tafeln, deren die erste in vier Geboten lehrt, wie wir uns gegen Gott sollen halten; die andere in sechs Geboten, was wir unserm Nächsten schuldig sind.

Frage 94: Was erfordert der Herr im ersten Gebot?

Dass ich bei Verlierung meiner Seelen Heil und Seligkeit alle Abgötterei, Zauberei, abergläubischen Segen, Anrufung der Heiligen oder anderer Kreaturen meiden und fliehen soll, und den einigen wahren Gott recht erkennen, ihm allein vertrauen in aller Demut und Geduld von ihm allein alles Gute erwarten, und ihn von ganzem Herzen lieben, fürchten und ehren; also, dass ich eher alle Kreaturen preisgebe, als im Geringsten wider seinen Willen tue.

Frage 95: Was ist Abgötterei?

Anstatt des einigen wahren Gottes, der sich in seinem Wort hat geoffenbart, oder neben demselben etwas anderes dichten oder haben, darauf der Mensch sein Vertrauen setzt.

Frage 96: Was will Gott im andern Gebot?

Dass wir Gott in keiner Art abbilden, noch auf irgendeine andere Weise, als er in seinem Wort befohlen hat, verehren sollen.

Frage 97: Soll man denn gar kein Bildnis machen?

Gott kann und soll keineswegs abgebildet werden; die Kreaturen aber mögen wohl abgebildet werden, doch verbietet Gott, derselben Bildnisse zu machen und zu haben, dass man sie verehre oder ihm damit diene.

Frage 98: Mögen aber nicht die Bilder, als der Laien Bücher, in den Kirchen geduldet werden?

Nein; denn wir sollen nicht weiser sein als Gott, welcher seine Christenheit nicht durch stumme Götzen, sondern durch die lebendige Predigt seines Wortes will unterwiesen haben.

Frage 99: Was will das dritte Gebot?

Dass wir nicht allein mit Fluchen oder mit falschem Eide, sondern auch mit unnötigem Schwören den Namen Gottes nicht lästern oder mißbrauchen, noch uns mit unserm Stillschweigen und Zusehen solcher schrecklichen Sünden teilhaftig machen; und in Summa: Dass wir den heiligen Namen Gottes anders nicht, denn mit Furcht und Ehrerbietung gebrauchen, auf dass er von uns recht bekannt, angerufen und in allen unsern Worten und Werken gepriesen werde.

Frage 100: Ist denn "mit Schwören und Fluchen Gottes Namen lästern" eine so schwere Sünde, dass Gott auch über die zürnet, die, soviel an ihnen ist, dieselbe nicht helfen wehren und verbieten?

Ja, freilich; denn keine Sünde ist größer und erzürnet Gott heftiger, als Lästerung seines Namens; darum er sie auch mit dem Tod zu strafen befohlen hat.

Frage 101: Mag man aber auch gottselig bei dem Namen Gottes einen Eid schwören?

Ja; wenn es die Obrigkeit von ihren Untertanen oder sonst die Not erfordert, Treue und Wahrheit zu Gottes Ehre und des Nächsten Heil dadurch zu erhalten und zu fordern. Denn solches Eid schwören ist in Gottes Wort gegründet, und deshalb von den Heiligen im Alten und Neuen Testament recht gebraucht worden.

Frage 102: Mag man auch bei den Heiligen oder andern Kreaturen Eide schwören?

Nein; denn ein rechtmäßiger Eid ist eine Anrufung Gottes, dass er als der einige Herzenkündiger der Wahrheit Zeugnis wolle geben und mich strafen, so ich falsch schwöre, welche Ehre denn keiner Kreatur gebührt.

Frage 103: Was will Gott im vierten Gebot?

Gott will erstlich, dass das Predigtamt und Schulen erhalten werden und ich, sonderlich am Feiertag, zu der Gemeinde Gottes fleißig komme, das Wort Gottes zu lernen, die heiligen Sakramente zu gebrauchen, den Herrn öffentlich anzurufen und das christliche Almosen zu geben. Zum andern, dass ich alle Tage meines Lebens von meinen bösen Werken feiere, den Herrn durch seinen Geist in mir wirken lasse, und also den ewigen Sabbat in diesem Leben anfange.

Frage 104: Was will Gott im fünften Gebot?

Dass ich meinem Vater und meiner Mutter, und allen, die mir vorgesetzt sind, alle Ehre, Liebe und Treue beweisen, und mich aller guten Lehre und Strafe mit gebührlichem Gehorsam unterwerfen, und auch mit ihren Gebrechen Geduld haben soll, dieweil uns Gott durch ihre Hand regieren will.

Frage 105: Was will Gott im sechsten Gebot?

Dass ich meinen Nächsten weder mit Gedanken, noch mit Worten oder Gebärden, viel weniger mit der Tat, durch mich selbst oder andere schmähen, hassen, beleidigen oder töten, sondern alle Rachgierigkeit ablegen, auch mich selbst nicht beschädigen oder mutwillig in Gefahr begeben soll. Darum auch die Obrigkeit, dem Totschlag zu wehren, das Schwert trägt.

Frage 106: Redet denn nicht dies Gebot allein vom "Töten"?

Es will uns aber Gott durch Verbietung des Totschlags lehren, dass er die Wurzel des Totschlags, als Neid, Haß, Zorn, Rachgierigkeit hasset, und dass solches alles vor ihm ein heimlicher Totschlag sei.

Frage 107: Ist's aber damit genug, dass wir unsern Nächsten, wie gesagt, nicht töten?

Nein; denn indem Gott Neid, Hass und Zorn verdammt, will er von uns haben, dass wir unsern Nächsten lieben wie uns selbst, gegen ihn Geduld, Friede, Sanftmut, Barmherzigkeit und Freundlichkeit erzeigen, seinen Schaden, soviel uns möglich, abwenden und auch unsern Feinden Gutes tun.

Frage 108: Was will das siebente Gebot?

Dass alle Unkeuschheit von Gott vermaledeiet sei, und dass wir darum ihr von Herzen feind sein, und keusch und züchtig leben sollen, es sei im heiligen Ehestand oder außerhalb desselben.

Frage 109: Verbietet Gott in diesem Gebot nichts mehr, denn Ehebruch und dergleichen Schanden?

Dieweil beide, unser Leib und unsere Seele, Tempel des Heiligen Geistes sind, so will er, dass wir sie beide sauber und heilig bewahren; verbietet deshalb alle unkeuschen Taten, Gebärden, Worte, Gedanken, Lust, und was den Menschen dazu reizen mag.

Frage 110: Was verbietet Gott im achten Gebot?

Er verbietet nicht allein den Diebstahl und Räuberei, welche die Obrigkeit straft; sondern Gott nennet auch Diebstahl alle bösen Stücke und Anschlage, damit wir unsers Nächsten Gut gedenken an uns zu bringen, es sei mit Gewalt oder Schein des Rechtes: als unrechtem Gewicht, Elle, Maß, Ware, Münze, Wucher, oder durch einiges Mittel, das von Gott verboten ist; dazu auch allen Geiz und unnütze Verschwendung seiner Gaben.

Frage 111: Was gebietet dir aber Gott in diesem Gebot?

Dass ich meines Nächsten Nutzen, wo ich kann und mag, fördere, gegen ihn also handle, wie ich wollte, dass man mit mir handelte, und treulich arbeite, auf dass ich dem Dürftigen in seiner Not helfen möge.

Frage 112: Was will das neunte Gebot?

Dass ich wider niemand falsch Zeugnis gebe, niemand seine Worte verkehre, kein Afterredner und Lästerer sei, niemand unverhört und leichtlich verdammen helfe; sondern allerlei Lügen und Trügen als eigene Werke des Teufels bei schwerem Gotteszorn vermeide, in Gerichts- und allen anderen Handlungen die Wahrheit liebe, aufrichtig sage und bekenne, auch meines Nächsten Ehre und Glimpf nach meinem Vermögen rette und fördere.

Frage 113: Was will das zehnte Gebot?

Dass auch die geringste Lust oder Gedanken wider irgend ein Gebot Gottes in unser Herz nimmermehr kommen, sondern wir für und für von ganzem Herzen aller Sünde feind sein und Lust zu aller Gerechtigkeit haben sollen.

Frage 114: Können aber, die zu Gott bekehrt sind, solche Gebote vollkömmlich halten?

Nein; sondern es haben auch die Allerheiligsten, solange sie in diesem Leben sind, nur einen geringen Anfang dieses Gehorsams; doch also, dass sie mit ernstlichem Vorsatz nicht allein nach etlichen, sondern nach allen Geboten Gottes anfangen zu leben.

Frage 115: Warum lässt uns denn Gott also scharf die zehn Gebote predigen, wenn sie in diesem Leben niemand halten kann?

Erstlich, auf dass wir unser ganzes Leben lang unsere sündliche Art je länger je mehr erkennen und darum desto begieriger Vergebung der Sünden und Gerechtigkeit in Christus suchen. Darnach, dass wir ohne Unterlass uns befleißigen und Gott bitten um die Gnade des Heiligen Geistes, dass wir je länger je mehr zu dem Ebenbild Gottes erneuert werden, bis wir das Ziel der Vollkommenheit nach diesem Leben erreichen.

Frage 116: Warum ist den Christen das Gebet nötig?

Darum, dass es das vornehmste Stück der Dankbarkeit ist, welche Gott von uns fordert; und dass Gott seine Gnade und seinen Heiligen Geist allein denen will geben, die ihn mit herzlichem Seufzen ohne Unterlass darum bitten und ihm dafür danken.

Frage 117: Was gehört zu einem solchen Gebet, das Gott gefalle und von ihm erhört werde?

Erstlich, dass wir allein den einigen wahren Gott, der sich uns in seinem Wort hat geoffenbart, um alles, das er uns zu bitten befohlen hat, von Herzen anrufen. Zum andern, dass wir unsere Not und unser Elend recht gründlich erkennen, uns vor dem Angesicht seiner Majestät zu demütigen. Zum dritten, dass wir diesen festen Grund haben, dass er unser Gebet, ob wir auch dessen unwürdig sind, doch um des Herrn Christi willen gewisslich wolle erhören, wie er uns in seinem Wort verheißen hat.

Frage 118: Was hat uns Gott befohlen von ihm zu bitten?

Alle geistliche und leibliche Notdurft, welche der Herr Christus begriffen hat in dem Gebet, das er uns selbst gelehret.

Frage 119: Wie lautet dasselbe?

Unser Vater, der du bist in den Himmeln. Geheiliget werde dein Name. Dein Reich komme. Dein Wille geschehe auf Erden wie im Himmel. Unser täglich

Brot gib uns heute. Und vergib uns unsere Schuld, wie auch wir vergeben unsern Schuldigern. Und führe uns nicht in Versuchung, sondern erlöse uns vom Bösen. Denn dein ist das Reich und die Kraft und die Herrlichkeit in Ewigkeit. Amen

Frage 120: Warum hat uns Christus befohlen, Gott also anzureden: Unser Vater?

Dass er gleich im Anfang unseres Gebets in uns erwecke die kindliche Furcht und Zuversicht gegen Gott, welche der Grund unsers Gebets sein soll; nämlich dass Gott unser Vater durch Christus worden sei und wolle uns viel weniger versagen, worum wir ihn im Glauben bitten, denn unsere Väter uns irdische Dinge abschlagen.

Frage 121: Warum wird hinzugetan: der du bist in den Himmeln?

Auf dass wir von der himmlischen Majestät Gottes nichts Irdisches denken und von seiner Allmächtigkeit alle Notdurft Leibes und der Seele erwarten.

Frage 122: Was ist die erste Bitte?

Geheiliget werde dein Name, das ist: gib uns erstlich, dass wir dich recht erkennen und dich in allen deinen Werken, in welchen leuchtet deine Allmächtigkeit, Weisheit, Güte, Gerechtigkeit, Barmherzigkeit und Wahrheit, heiligen, rühmen und preisen. Danach auch, dass wir unser ganzes Leben, Gedanken, Worte und Werke dahin richten, dass dein Name um unsertwillen nicht gelästert, sondern geehrt und gepriesen werde.

Frage 123: Was ist die andere Bitte?

Zukomme dein Reich, das ist: regiere uns also durch dein Wort und deinen Geist, dass wir uns dir je länger je mehr unterwerfen; erhalte und mehre deine Kirche, und zerstöre die Werke des Teufels und alle Gewalt, die sich wider dich erhebt, und alle bösen Ratschläge, die wider dein heiliges Wort erdacht werden; bis die Vollkommenheit deines Reichs herzukomme, darin du wirst alles in allen sein.

Frage 124: Was ist die dritte Bitte?

Dein Wille geschehe auf Erden wie im Himmel, das ist: verleihe, dass wir und alle Menschen unserm eigenen Willen absagen und deinem allein guten Willen ohne alles Widersprechen gehorchen; dass also jedermann sein Amt und seinen Beruf so willig und treulich ausrichte, wie die Engel im Himmel.

Frage 125: Was ist die vierte Bitte?

Gib uns heute unser täglich Brot, das ist: wollest uns mit aller leiblichen Notdurft versorgen, auf dass wir dadurch erkennen, dass du der einige Ursprung alles Guten bist, und dass ohne deinen Segen weder unsere Sorgen und unsere Arbeit, noch deine Gaben uns gedeihen, und wir deshalb unser Vertrauen von allen Kreaturen abziehen und allein auf dich setzen.

Frage 126: Was ist die fünfte Bitte?

Vergib uns unsere Schuld, wie auch wir vergeben unsern Schuldigern, das ist: wollest uns armen Sündern alle unsere Missetat, auch das Böse, so uns noch immerdar anhängt, um des Blutes Christ willen nicht zurechnen, wie auch wir dies Zeugnis deiner Gnade in uns finden, dass unser ganzer Vorsatz ist, unserm Nächsten von Herzen zu verzeihen.

Frage 127: Was ist die sechste Bitte?

Und führe uns nicht in Versuchung, sondern erlöse uns vom Bösen, das ist: weil wir aus uns selbst so schwach sind, dass wir nicht einen Augenblick bestehen können, und dazu unsere abgesagten Feinde, der Teufel, die Welt und unser eigen Fleisch nicht aufhören, uns anzufechten, so wollest du uns erhalten und stärken durch die Kraft deines Heiligen Geistes, auf dass wir ihnen mögen festen Widerstand tun und in diesem geistlichen Streit nicht unterliegen, bis dass wir endlich den Sieg vollkömmlich behalten.

Frage 128: Wie beschließest du dieses Gebet?

Denn dein ist das Reich und die Kraft und die Herrlichkeit in Ewigkeit, das ist: solches alles bitten wir darum von dir, weil du als unser König und aller Dinge mächtig, uns alles Gute geben willst und kannst, und dass dadurch nicht wir, sondern dein heiliger Name ewig soll gepriesen werden.

Frage129: Was bedeutet das Wörtlein Amen?

Amen heißt: das soll wahr und gewiss sein; denn mein Gebet viel gewisser von Gott erhöret ist, als ich in meinem Herzen fühle, dass ich solches von ihm begehre.

V Der Heidelberger Katechismus in Reim und Vers

Nach seinem Erscheinen verbreitete „der Heidelberger" sich trotz massiver Widerstände sehr schnell. Er wurde ins Lateinische übersetzt, ins Niederländische, Englische, Französische, Ungarische, auch ins Niederdeutsche. Und er wurde zur Bekenntnisschrift erhoben. Damit hat er ein hohes Maß an Verbindlichkeit für die nach Gottes Wort reformierten Kirchen erlangt und bis heute behalten.

Einigen Pastoren aber lag daran, die Inhalte des Heidelberger noch fester als durch Auswendiglernen in den Köpfen und Herzen der Gemeindeglieder zu verankern. Dafür griffen sie eine Idee des Genfer Reformators Johannes Calvin auf: Dieser hatte angeregt, die 150 alttestamentlichen Psalmen in Reime zu fassen und mit leicht singbaren Melodien zu versehen. Durch das Singen dieser sogenannten „Reimpsalmen" konnten sich zunächst Melodien und Texte, mit der Zeit auch die Inhalte in den Sängerinnen und Sängern festsetzen. Bis heute ist das Singen dieser Psalmen ein verbindendes Element innerhalb der reformierten Weltgemeinschaft.

Als nicht ganz so erfolgreich erwiesen sich die Katechismusbereimungen. Das mag an den Inhalten liegen: Ein Katechismus will (be-)lehren, Wissen vermitteln, Glaubenswissen, und spricht den Verstand an. In den schon ursprünglich zum Singen geschriebenen Psalmen geht es um Lebens- und Glaubenserfahrungen; sie sprechen Gefühle aus und an.

Eine Gruppe von Vikarinnen und Vikaren hat sich 1967 während eines Kurses im Predigerseminar Wuppertal-Elberfeld ans Werk gemacht und den gesamten Heidelberger Katechismus auf eine bekannte Choralmelodie gereimt. An nicht wenigen Stellen blitzt das Vergnügen auf, das diese Arbeit bereitet hat. Einer der Autoren erinnert sich: „Was in manchen Formulierungen an Spaß aufblitzt, haben einige Kommilitonen damals kritisch gesehen: Man wisse bei dem ganzen Lied nicht, ob es nun ernst oder witzig gemeint sei.

Wir wussten das eigentlich selbst nicht. Aber Spaß haben wir bei der Abfassung gehabt." Sie stand unter dem von den Beteiligten selbst gewählten Motto: „Die Welt ist regnerisch - aber singbar, doch zu verändern gibt es noch viel!"

Nach der Weise zu singen: Christus, der ist mein Leben ...

1. Sonntag:

1. Was ist dein Trost im Leben? Das ist Herr Jesus Christ. Ihm hab ich mich ergeben, weil er mein Heiland ist.

2. Was muss man alles wissen? Am besten dreierlei: (1) Die Welt ist voller Listen, (2) Erlösung macht mich (3) frei.

2. Sonntag:

3. Woran kannst du ersehen, wie elend alles ist? Weil jegliches vergehen durchs Recht verurteilt ist.

4. Wo steht denn das geschrieben? Matthäus fast am End: Du sollst den Nächsten lieben und nicht so sehr dein Hemd.

5. Und kannst du das auch halten? Ach nein, das ist zu schwer. Es wird dein Herz gespalten, dein Hemd gibst du nicht her.

3. Sonntag:

6. Hat Gott dich falsch erschaffen? O nein, im Gegenteil! Er gab mir gute Waffen, zur Wahrheit und zum Heil.

7. Warum bist du verdorben? Der Adam ist dran schuld. Auch Eva ist gestorben: Sie trieben Teufelskult.

8. Ist alles nun vergebens? Durchaus für alle Zeit, wenn nicht der Geist des Lebens uns wiederum befreit.

4. Sonntag:

9. Wie kann Gott es erlauben, dass solches Unglück kam? Es war des Teufels Rauben, was uns die Unschuld nahm.

10. Läßt Gott uns denn die Strafe? Es ist genau verbucht: gerettet wird der Brave, der Böse sei verflucht.

11. Ist Gott denn nicht barmherzig? Das schon, doch auch gerecht. Wer sein Recht nicht beherzigt, dem geht es ewig schlecht.

5. Sonntag:

12. Wie können wir uns retten? Allein durch Lösegeld. Dann fallen alle Ketten von mir und von der Welt.

13. Und wer kann das bezahlen? Auf jeden Fall nicht ich. Denn meiner Sünden Qualen vergrößern täglich sich.

14. Vielleicht ein Sündenböcklein? Nein, das ist viel zu klein. Die Straf ist nicht das Stöcklein, sondern die Höllenpein.

15. Wer kann uns dann erlösen? Nur einer, der zugleich von mensch- und göttlich Wesen gebaut ist, stark und reich.

6. Sonntag:

16. Warum als Mensch geboren? Weil Gott den Menschen grollt. Der Mensch ist dann verloren, wenn er die Schuld nicht zollt.

17. Warum als Gott geboren? Es kann nicht anders sein: Wir sind so schwarz wie Mohren, kein andrer wäscht uns rein.

18. Wer ist denn der Erlöser, der so beschaffen ist? Was fragst du noch, du Böser? Es ist Herr Jesus Christ.

19. Wo hast du das erfahren? Ich forschte in der Schrift. Da ist seit tausend Jahren die Sache wohl verbrieft.

7. Sonntag:

20. Macht Christus alle selig? Nein, nur wer an ihn glaubt. Wer liederlich und fröhlich, dem ist das Reich verbaut.

21. Wie glaubt man denn nun richtig? Indem man drauf vertraut, dass er und das ist wichtig - uns aus den Ketten haut.

22. Wo wird das klar beschrieben? Im Apostolicum. Das ist bis heut geblieben, mit allem Drum und Dran.

23. Was stehen da für Sätze? Dass Gott der Schöpfer ist, der Geist wirkt bis zur Letzte, erstanden ist der Christ.

8. Sonntag:

24. Wie mag man das nur teilen? Dreiteilig allermeist: Der Vater ist der erste, dann Sohn und Heilger Geist.

25. Gott aber ist nur einer, wieso sprichst du von drei? Weil er sich als Dreieiner geoffenbart hat frei.

9. Sonntag:

26. Was heißt das, wenn du betest, dass Gott der Schöpfer sei? Das heißt, wohin ich trete, er, Gott, zugegen ist.

10. Sonntag:

27. Was heißt, er ist zugegen? Dass Gott die ganze Welt mit Sonnenschein und Regen beschützt und auch erhält.

28. Was bringt dir das für Nutzen? Es bringt mir Zuversicht, dem Unheil fest zu trutzen, denn Gott verlässt mich nicht.

11. Sonntag:

29. Warum heißt Jesus „Heiland“? Weil er uns selig macht und noch kein andrer Beistand ein gleiches Werk vollbracht.

30. Die heiligen im Himmel, sind die nicht adäquat? Das sind ganz schlimme Lümmel, die da die Kirche hat.

12. Sonntag:

31. Was heißt der Christusname? Das heißt, dass er mit Geist gesalbt ist und uns Arme vertritt und lehrt und weist.

32. Was heißt der Name Christen? Dass wir sein eigen sind, vom Berg bis zu den Küsten bekämpfen alle Sünd.

13. Sonntag:

33. Wie sind wir Gottes Kinder, er ist doch Gottes Sohn? Wir sinds durch ihn, doch minder ist unsre Stellung schon!

34. Warum sind wir sein eigen? Weil er nach Gottes Rat, um Liebe zu erzeigen, uns losgekaufet hat.

14. Sonntag:

35. Vom Geist ist er empfangen? Ja, nicht wie jedes Kind entsteht, ists zugegangen: So ist er ohne Sünd?.

36. Wozu denn diese Feinheit? Allein zu meinem Nutz, dass er durch seine Reinheit bedecke meinen Schmutz.

15. Sonntag:

37. Was heißt: er hat gelitten? Es heißt: Seit er geborn, trug er – auf Gottes Bitten - Die Strafe und den Zorn.

38. Ihn strafte doch Pilatus? Doch nur mit Unschuldsschwur, auch war Pilatus? Status durch Gottes Willen nur.

39. Was ist uns denn am Kreuze Besonderes geschenkt? Wir sind vom Bann Befreite: verflucht ist, wer dran hängt.

16. Sonntag:

40. Und musste Christus sterben? Es war kein andrer Weg, wie sich der Welt Verderben auf Gottes Schultern leg.

41. Und warum das Begraben? Damit nicht hinterher die Menschen Zweifel haben, ob er gestorben wär.

42. Wenn Christus schon gestorben, wozu noch unser Tod? In unserm Tod verborgen liegt doch der Weg zu Gott.

43. Was ist damit verbunden? Natürlich wird bewusst, dass nichts mehr wird gefunden an aller bösen Lust.

44. Was heißt: er stieg zur Hölle? Dass er durch all die Pein mich mit Gewi8ssheit fülle, durch ihn erlöst zu sein.

17. Sonntag

45. Warum ist er erstanden? Weil er das Leben ist und uns aus Todesbanden befreit hat. Dass ihrs wisst.

46. Was heißt: er fuhr gen Himmel? Es lehrt uns die Geschicht, dass er ins Weltgetümmel kehrt wieder zum Gericht.

47. Wie, ist er nun verschwunden? O nein, nur die Gestalt. Sein göttlich Kraft wird funden an jedem Aufenthalt.

48. So ist er denn zerteilet? Nein, sondern Gottes Kraft im Himmel zugleich weilte und auf der Erden schafft.

18. Sonntag:

49. Was soll er uns dort oben? Er wird uns zu sich ziehn, so dass wir ihn dann loben, wenn wir der Erd entfliehn.

50. Was sitzet er zur Rechten? Damit ein jeder spürt: trotz unsrer Kirch, der schlechten, ist einer, der regiert.

19. Sonntag:

51. Was nützt uns die Regierung? Man weiß doch, was das heißt: zunächst einmal die Führung, und nicht zuletzt - der Geist.

52. Freust du dich auf den Richter? O ja, von Herzen wohl. Er wirft dann das Gelichter dort in den Höllenpfuhl.

20. Sonntag:

53. Und was glaubst du von Pfingsten? Dass mir der Heilge Geist den Weg bis zu dem Jüngsten Tag und zum Himmel weist.

21. Sonntag:

54. Was glaubst du von der Kirche? Dass Christus sie erhält und mich, wenn ich nicht irre, den Brüdern zugesellt.

55. Was meinst du mit den Brüdern? Die heilige gemein, die nicht allein mit Liedern zum Nutz der Welt soll sein.

56. Was soll es nun bedeuten, dass dir vergeben ist? Dass Gott zu allen Zeiten der Sünden mein vergisst.

22. Sonntag:

57. Und dass du einmal später wirst leiblich auferstehn? Dann wer ich, meinem Retter gleich, durch den Himmel gehn.

58. Was nützt dir solch ein Leben? Darüber niemand weiß. Die Frage darfs nicht geben. Gott sei Lob und Ehr und Preis.

23. Sonntag:

59. Wird sich dein Glaube lohnen? Hier geb ich gern Bescheid: Im Himmel werd ich wohnen in alle Ewigkeit.

60. Wem ist das zuzuschreiben? O, niemandem als Gott. Bei ihm nur will ich bleiben, durch Hölle, Angst und Tod.

61. Wie kannst du denn dann sagen, dass dein Glaub? selig macht? In ihm kann ich erfragen, was Gott mir zugedacht.

24. Sonntag:

62. Kann man für seine Rettung nicht doch ein wenig tun? O sündliche Verkettung! Vollkommen ist der Sohn.

63. Von Lohn wird doch gesprochen? gewi8ss, doch dabei hat sich aller Stolz zerbrochen. Der Lohn geschieht aus Gnad.

64. Man sündigt also fröhlich, weil Gott uns trotzdem sucht? Nein, nur wer glaubt, wird selig, und Glaube bringt auch Frucht.

25. Sonntag:

65. Wie kommst du denn zum Glauben? Durch Wort uns Sakrament. Man lernts, auf Gott zu trauen, wenn man das beides kennt.

66. Was sind die Sakramente? Als Hilfe wohl gedacht, damit man recht erkennte, was Gott mit uns gemacht.

67. Und können sie das leisten? O ja, das Wortgeschehn lässt durch den Geist die meisten das Kreuz und Christus sehn.

68. Wieviele Sakramente hat Christus eingesetzt? zwei, die ich nennen könnte: Tauf und das Mahl zuletzt.

26. Sonntag:

69. Wie wirkt für dich die taufe? Indem das Wasserbad für mich der Sünden Haufe ganz abgewaschen hat.

70. Und wenn du von den Sünden ganz freigewaschen bist? Dann kann ich besser finden, was gottgefällig ist.

71. Hat Christus das verheißen? Im falschen Markusschluss: Getauften gilt die Freude, den andern der Verdruss.

27. Sonntag:

72. Ist dieses Wasser nasser, dass es das alles leist? Das leistet nicht das Wasser, sondern der Heilge Geist.

73. Und wozu dann das Baden? Damit wir deutlich sehn: Wie wir den Schmutz loshaben ists mit der Sünd geschehn.

74. Warum zu diesem Bade auch kleine Kinder gehn? Dann wird die göttlich? Gnade vor aller Welt gesehn.

28. Sonntag:

75. Wie wirkt für dich das Schauen vom Brot und auch vom Wein? Ich kann darauf vertrauen: es muss gewesen sein.

76. Warum es dann noch nehmen, das Brot und auch den Wein? Ich wird mit Christus leben, denn er geht in mich ein.

77. Wie heißen denn die Worte? Nehmt hin das Brot, den Wein, nehmt es an jedem Orte stets zum Gedächtnis mein.

78. Wird denn das Brot um Leibe und auch der Wein zu Blut? Nein, alles beides bleibe wie Gott es schuf, so gut.

79. Was ist dann mit dem Leibe und was ist mit dem Blut? Der Geist uns einverleibe die Kraft aus diesem Gut.

30. Sonntag:

80. Wie hält mans in der Messe? Die sind nicht ganz gescheit: dass man dort Christus esse, das ist vermaledeit

81. Wer darf zu Tische kommen? Die Heuchler dürfens nicht. Zum Heil nehmens die Frommen, die andern zum Gericht.

82. Soll man die Heuchler lassen? Bestimmt nicht allesamt. Die großen soll man strafen, das ist der Schlüssel Amt.

31. Sonntag:

83. Wieso das Amt der Schlüssel? Weil aufgeschlossen wird (und zu wohl auch ein bissel) der Himmel durch den Hirt.

84. Ja, darf denn das der Hirte durchs Evangelium? Das ist ja seine Bürde: Gericht - Begnadigung.

85. Und wie wird das vollzogen? Das ist jetzt nicht mehr schwer: raus muss der, der gelogen, rein, wer sich bessert sehr.

32. Sonntag:

86. Und warum dann die Steine der Werke hinterdrein? Aus Dankbarkeit alleine, und um gewi8ss zu sein.

87. Und gibt es für die Trüben kein? Weg ins Paradies? Die Schrift sagt ganz entschieden: Die Gauner ins verließ.

33. Sonntag:

88. Und was ist nun Bekehrung? Sie ist wahrhaftig Not: des neuen Menschen Mehrung, des alten Adams Tod.

89. Des alten Adams Sterben, was ist damit gemeint? Sein Böses zu verderben und meiden, was so scheint.

90. Des neuen Menschen Mehrung, wie soll ich das verstehn? Des Herren rechte Ehrung, auf seine Weisung sehn.

91. Wie kann ich die erhalten? Allein im Glauben wohl aus des Gesetzes Spalten. Sonst ist die Sache hohl.

92. Wie lauten die Gebote? Kein Bild, kein Fluch, doch Kult. Ich bin der Herr, du Bote, vermeide alle Schuld.

34. Sonntag:

93. Wie lassen sie sich scheiden? Die ersten vier von Gott, die andern sechs zu meiden des Nächsten Schad? und Spott.

94. Was fordert Gott im ersten? Er ganz allein ist Gott; ihn einzig zu verehren, das tut dem Menschen not.

95. Verehren wir denn andre? Indem wir uns vertraun, gestehn wir uns, zur Schande, dass wir nicht auf ihn traun.

35. Sonntag:

96. Was fordert Gott im zweiten? Dass wir auf ihn nur sehn; kein Bildnis zubereiten, es könnt? dazwischen stehn.

97. Sind Bilder ganz verboten? Nein, solche nur von Gott. Sonst mögen alle guten gestattet sein. Fahr fort.

98. Es könnten doch die Bilder für manchen hilfreich sein? Gott urteilt auch nicht milder, sein Wort ist reiner Wein.

36. Sonntag:

99. Was fordert Gott im dritten? Das leuchtet jedem ein: Nicht lästern, sondern bitten, Gott möge mit uns sein.

100. Und wenn nur andre lästern? Dann wehre ihnen gleich zu dein? Und ihrem Bessern. Es gibt kein schlimmern Streich.

37. Sonntag:

101. Wie ist es mit dem Schwören? Wenn es der Staat verlangt, so schwör zu Gottes Ehren - zum Guten kommt es dann.

102. Kann man vielleicht zur Klarheit auch leisten andren Schwur? Nein, Gott allein ist Wahrheit und nicht die Kreatur.

38. Sonntag:

103. Was will Gott mit dem vierten? Des Sonntags Heiligkeit, das Hören auf den Hirten zur eignen Seligkeit.

39. Sonntag:

104. Was will Gott mit dem fünften? Dass man die Eltern ehrt und auch in allen Zünften das Wort des Meisters hört.

40. Sonntag:

105. Was will Gott mit dem sechsten? Nicht Rache und nicht Mord. Das Schwert liegt nur beim höchsten Regierungschef am Ort.

106. Da steht nur was vom Töten? Nein, was die Wurzel sei, zu sehen ist vonnöten: Neid, Rache, Zankerei.

107. Gut, wenn wir das vermeiden, ist dann genug getan? Nein, selbst sogar den Feinden tut man mal Gutes an.

41. Sonntag:

108. Was will Gott mit dem siebten? Das gilt für Frau und Mann: dass wir nicht mit Geliebten liebäugeln dann und wann.

109. Verbietet s nicht im Grunde allein den Ehebruch? Nein, nein, schon eine Stunde im Wachtraum ist genug.

42. Sonntag:

110. Was will Gott mit dem achten? Wie man sich was erschleicht, danach sollst du nicht trachten. Auch Geizen nicht, vielleicht.

111. Was will er denn stattdessen? Dass ich dem Nächsten nütz, ihm Hab und Gut und Essen und alles wohl beschütz.

43. Sonntag:

112. Was will Gott mit dem neunten? Dass wir schön ehrlich sind, den andern nicht verleumden, das Beste an ihm find.

44. Sonntag:

113. Was will Gott mit dem zehnten? Dass wir nicht sein Gesetz mutwillig übertreten, auch nicht in unserm Herz.

114. Läßt sich das denn erfüllen? Gewi8ss nicht ganz und gar, doch fehlt es schon am Willen, bleibt überhaupt nichts klar.

115. Warum dann solche Schärfe? Damit man sich bemüht und sich auf Christus werfe in Bitten und Gebet.

45. Sonntag:

116. Und wozu ist das Beten? Gott gibt den Geist allein und Gnade allen denen, die darum zu ihm schrein.

117. Wann wird uns Gott erhören? Wenn wir in großer Not eindrücklich in uns spüren: Hier ganz allein hilft Gott.

118. Was wird er uns erfüllen? Wohl alles, was uns treibt und was nach Jesu Willen die Bibel drüber schreibt.

119. Was steht von ihm geschrieben? Sein Name heilig sei, die Schuld sei uns vergeben, mach von Versuchung frei.

46. Sonntag:

120. Warum gleich „unser Vater"? Dass wir, so wie ein Kind, ihn fragen als Berater und voller Ehrfurcht sind.

121. Und warum: In den Himmeln? Damit wir sicher gehn, dass seiner Allmacht Augen auch unsre Nöte sehn.

47. Sonntag:

122. Was meint die erste Bitte? Dass er nur heilig sei und jeder unsrer Schritte zu seinem Ruhme sei.

48. Sonntag:

123. Was heißt es: Dein Reich komme? Nur du sollst ganz allein – und darauf hofft der Fromme - alles in allem sein.

49. Sonntag:

124. Was heißt: Dein Will geschehe? Das meint nur einerlei: dass nichts auf Erd entstehe, was nicht dein Wille sei.

50. Sonntag:

125. Das täglich Brot gib heute? Das heißt, Herr, sieh darein, dass uns ohn deine Treue die Sachen nicht gedeihn.

51. Sonntag:

126. Wie wir vergeben andern, so lass auch uns die Schuld? Wir wollen uns ja ändern, Herr, hab mit uns Geduld.

52. Sonntag

127. Du führt uns in Versuchung? So kannst du doch nicht sein. Versuchung gibt es immer, du lässt uns nie allein.

128. Und was steht noch am Ende? Herr, deiner ist das Reich, so dass sich alles wendet, zu deinem Lob und Preis.

129. Und noch das Wörtlein „Amen“? Das heißt, es ist gewiss: Ich bat in seinem Namen, im Namen Jesu Christ.

MIX
Papier aus verantwortungsvollen Quellen
Paper from responsible sources
FSC® C105338

Printed by Books on Demand GmbH, Norderstedt / Germany